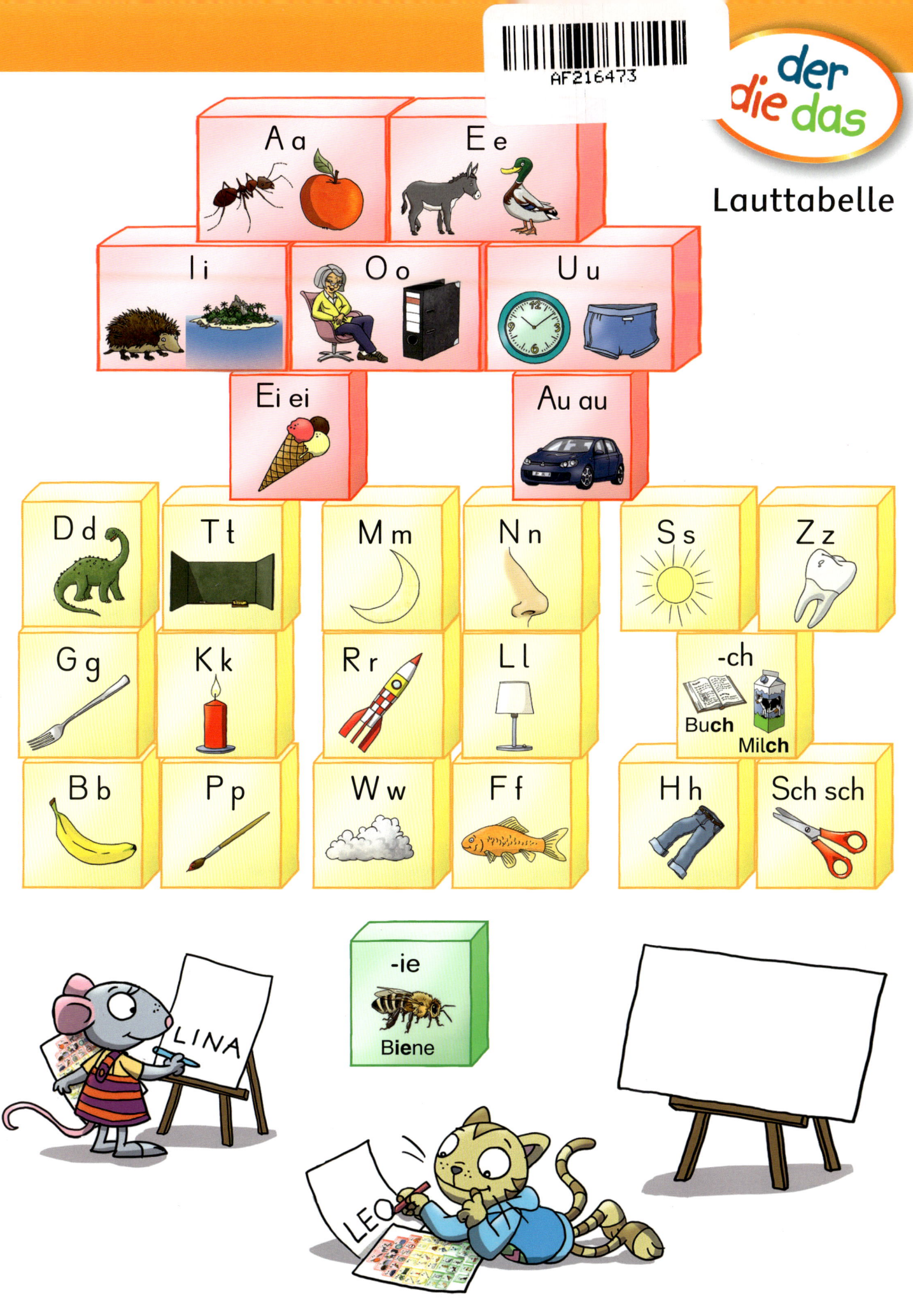

der die das

Lauttabelle

A a

E e

I i

O o

U u

Ei ei

Au au

-äu

Mäuse

Eu eu

Ä ä

Ö ö

Ü ü

D d

T t

M m

N n

S s

Z z

G g

K k

R r

L l

J j

-ch

Buch Milch

B b

P p

W w

F f

H h

Sch sch

St st

Sp sp

C c

Qu qu

-ß

Fuß

V v

Pf pf

X x

Hexe

Y y

Baby

-ie

Biene

-tz

Katze

-ck

Sack

-ng

Ring

-nk

Bank

Cornelsen

Mein Arbeitsheft

Farbiges Nachspuren und Fortsetzen
vorgegebener Muster;
Gestalten der Seite: z.B. den eigenen Namen
schreiben, sich selbst malen oder
ein Foto einkleben …

1

Was kannst du schon?

①

Benennen der Leitfiguren Leo und Lina
1. Benennen der abgebildeten Tätigkeiten
(auf einem Bein hüpfen, Fußball spielen,
Fahrrad fahren; den Tisch decken,
ein Butterbrot schmieren, die Schnürsenkel
binden; malen, schreiben, schneiden);
die eigenen Fähigkeiten durch Ausmalen
zum Ausdruck bringen und weitere
Fähigkeiten malen

Was möchtest du gerne können?

①

1. Malen oder Schreiben zur Frage:
Was möchtest du gerne können?

Freies Erzählen zum Bild; Suchen und
Benennen von Schrift in der Umwelt

①

②

1. Suchen der Piktogramme auf S. 4;
Anmalen der Piktogramme entsprechend
der Illustration auf S. 4

2. Schreiben (mit Hilfe der Lauttabelle) oder
Malen weiterer Piktogramme und Schriftzüge
aus der Umwelt

①

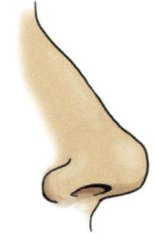

1. Bilder benennen, Wörter klatschen,
Silbenbögen einzeichnen

①

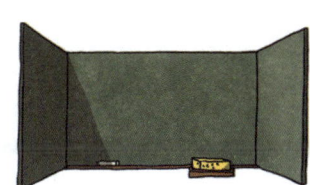

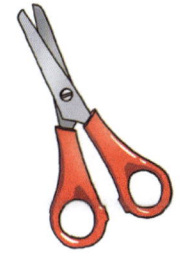

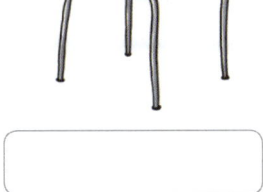

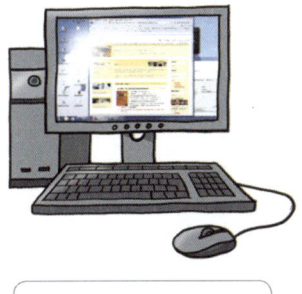

1. Bilder benennen, Wörter klatschen,
Silbenbögen einzeichnen

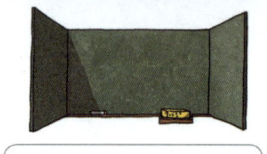

(1)

1. Bilder benennen,
Wörter klatschen, Silbenbögen einzeichnen, Bilder ausschneiden und
entsprechend der Silbenanzahl
einkleben

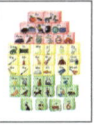

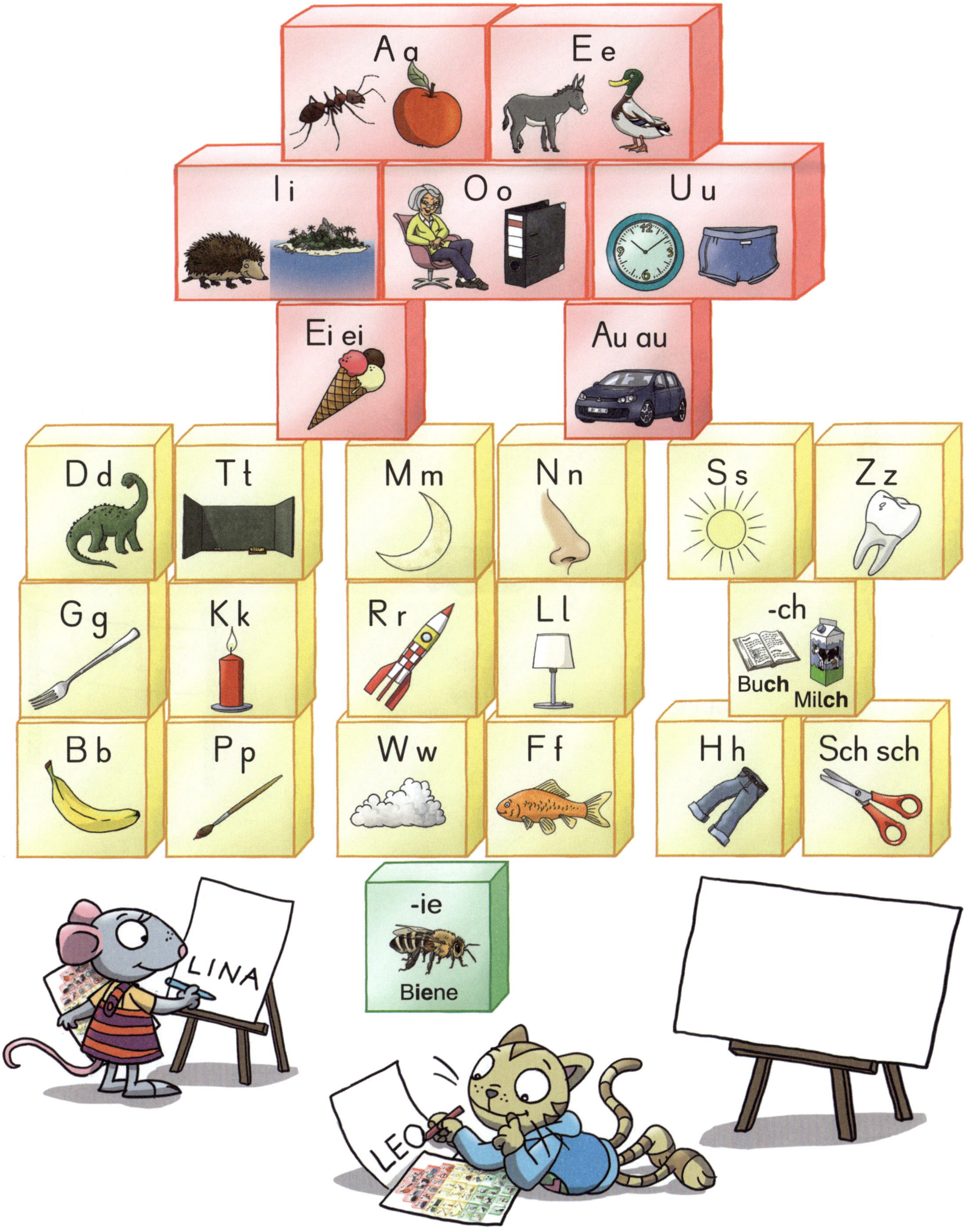
A a
E e
I i
O o
U u
Ei ei
Au au
D d
T t
M m
N n
S s
Z z
G g
K k
R r
L l
-ch
Buch
Milch
B b
P p
W w
F f
H h
Sch sch
-ie
Biene
LINA
LEO

Audio-CD Track 38

Abbildung der reduzierten Lauttabelle, die auf den nächsten Seiten eingeführt wird; Benennen der Lautbilder

Schreiben des eigenen Namens

START

ZIEL

Ergänzender Hinweis zur Spielregel:
Bei richtiger Antwort 1 Feld vorrücken
ohne Benennen eines weiteren Lautbildes

1

2

---

1. Eintragen entsprechender Buchstaben

2. Suchen und Anmalen der Lautbilder
Mond, Oma, Ordner, Ameise, Apfel, Igel,
Insel, Tafel, Lampe und Sonne

①

1. Lautbilder benennen, den entsprechenden Buchstaben mit Hilfe der Lauttabelle eintragen, das Bild mit Anlaut anmalen

D Malen eines weiteren Bildes mit entsprechendem Anlaut

①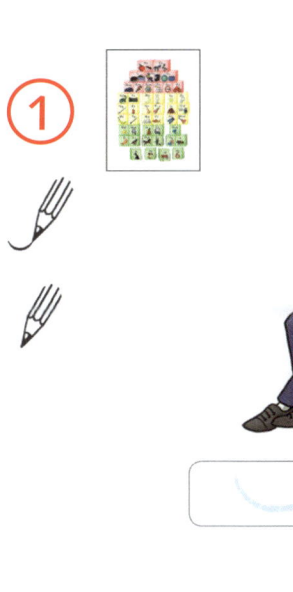

⌣⌣  Oma

1. Bilder benennen (Oma, Mia, Timo),
Wörter klatschen, Silbenbögen einzeichnen,
Wörter schreiben

D Malen eines weiteren Bildes; Silbenbögen
einzeichnen und das Wort mit Hilfe der
Lauttabelle schreiben

①

②

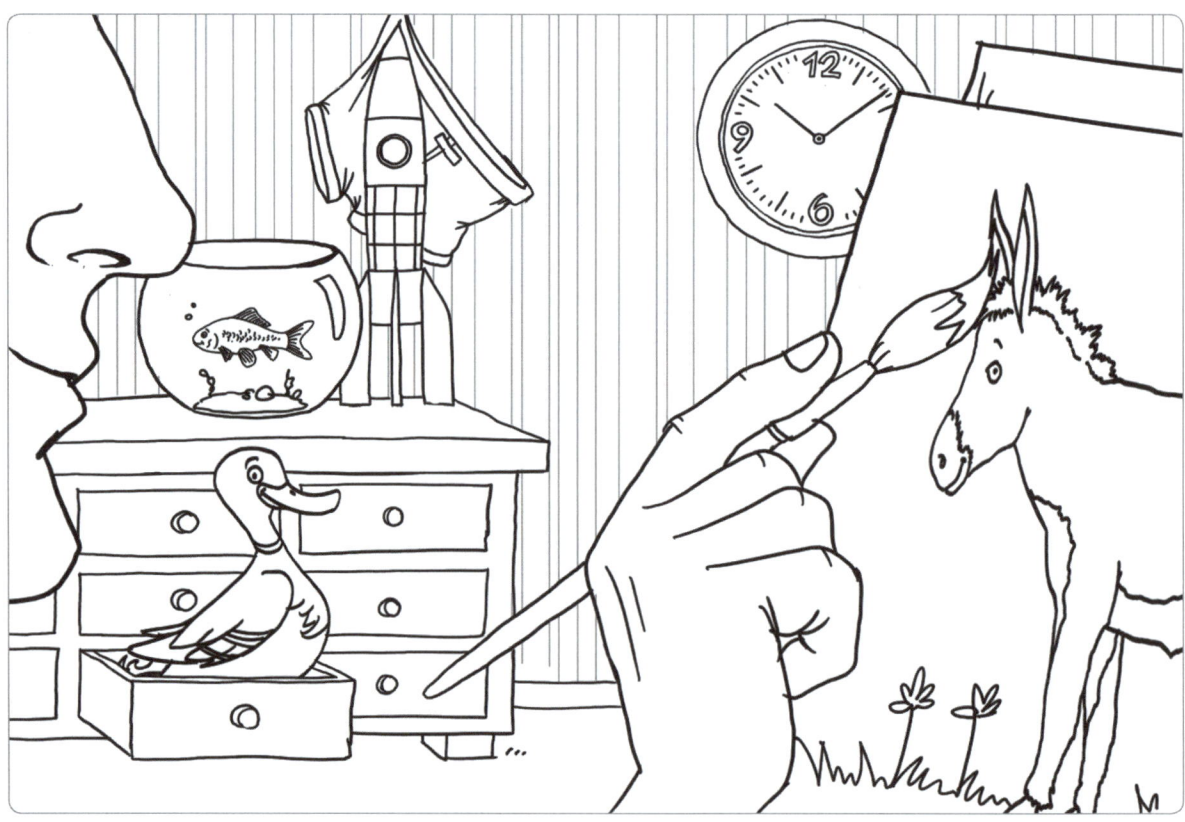

1. Eintragen entsprechender Buchstaben

2. Suchen und Anmalen der Lautbilder Esel, Ente, Nase, Pinsel, Unterhose, Uhr, Fisch und Rakete

①

②

Leo

1. Lautbilder benennen, den entsprechenden
Buchstaben mit Hilfe der Lauttabelle eintragen,
das Bild mit dem gleichen Anlaut anmalen.
Ⓓ Malen eines weiteren Bildes mit
entsprechendem Anlaut

2. Bilder benennen, Wörter klatschen,
Silbenbögen einzeichnen, Wörter mit Hilfe
der Lauttabelle schreiben

Ⓓ Malen eines weiteren Bildes, Silbenbögen
einzeichnen und das Wort mit Hilfe der
Lauttabelle schreiben

15

①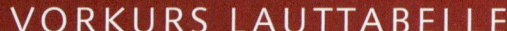

②

1. Eintragen entsprechender Buchstaben

2. Suchen und Anmalen der Lautbilder
Eis, Hose, Dino, Auto, Schere, Kerze, Banane,
Buch, Milch, Wolke, Gabel und Zahn

①

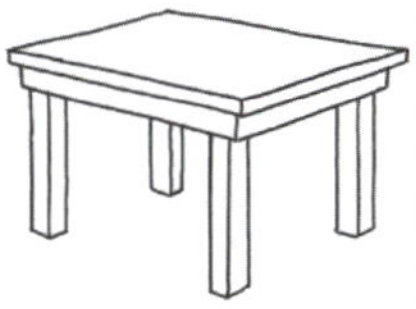

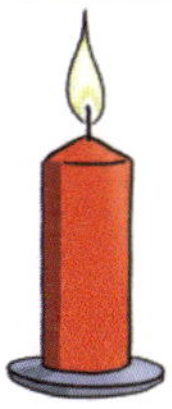

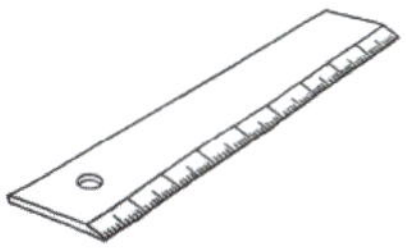

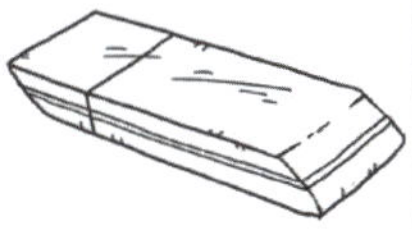

②

H

1. Lautbilder benennen, den entsprechenden Buchstaben mit Hilfe der Lauttabelle eintragen, das Bild mit dem gleichen Anlaut anmalen.
Ⅾ Malen eines weiteren Bildes mit entsprechendem Anlaut

2. Bilder benennen, Wörter klatschen, Silbenbögen einzeichnen, Wörter mit Hilfe der Lauttabelle schreiben

Ⅾ Malen eines weiteren Bildes, Silbenbögen einzeichnen und das Wort mit Hilfe der Lauttabelle schreiben

17

①

1. Was kommt (gehört) in die Federtasche/
Schultasche?
Malen der entsprechenden Gegenstände

Was ist das? Das ist (der Stift).
D *Was kommt (gehört) in die Federtasche/
Schultasche? Der Stift kommt (gehört) in
die Federtasche/Schultasche.*

▶ **nach** BB S. 4–5, 10–11

Schule

①

● der	

● die	

● das	

  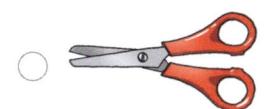 

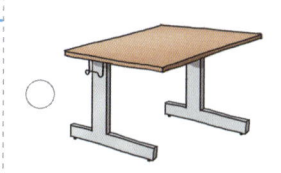   

M m

①

②

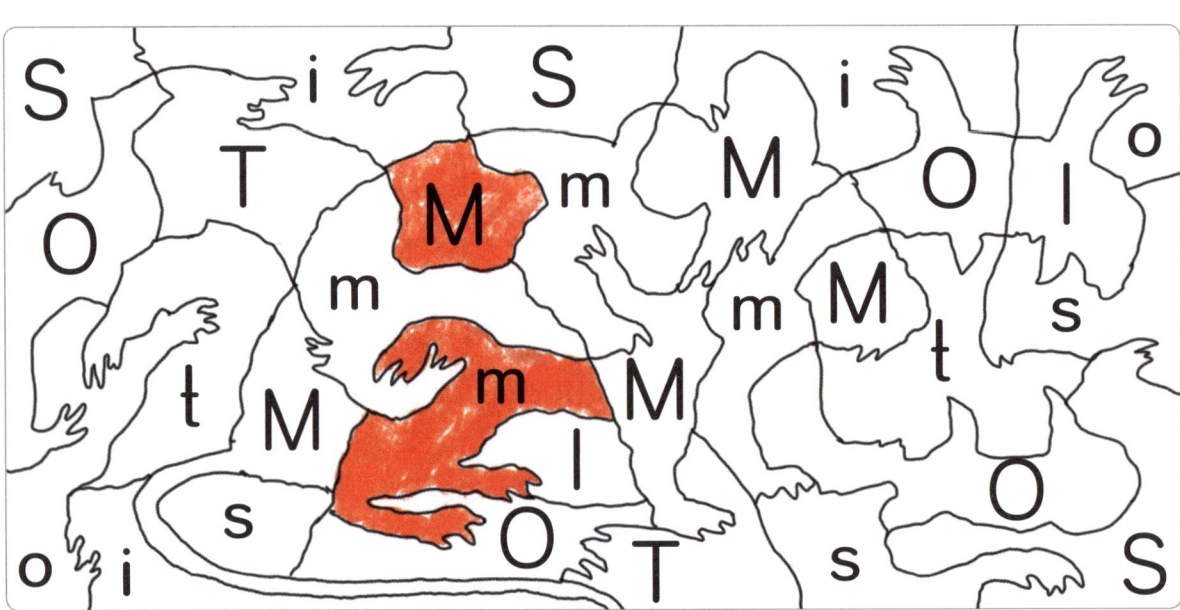

1. Anlaut abhören   2. Buchstabenfelder mit M/m ausmalen

► **vor** BB S. 8–9
► Diff.-Block S. 1–4

M m

①

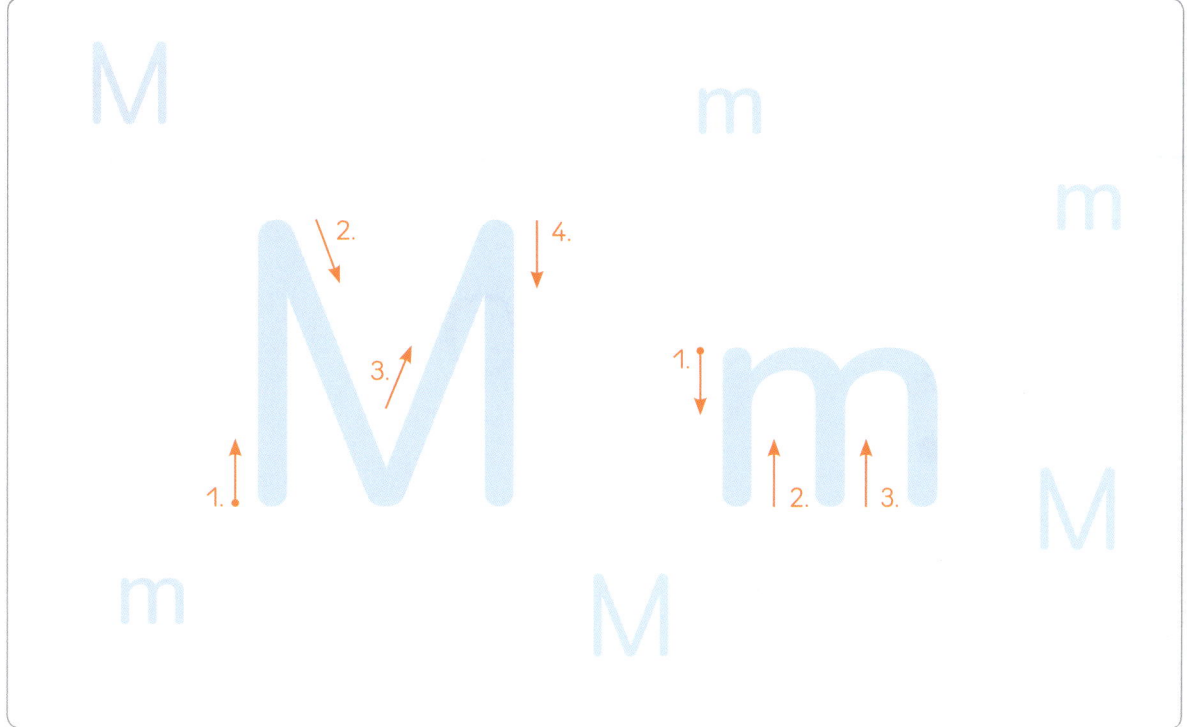

②

Schule

O o

①

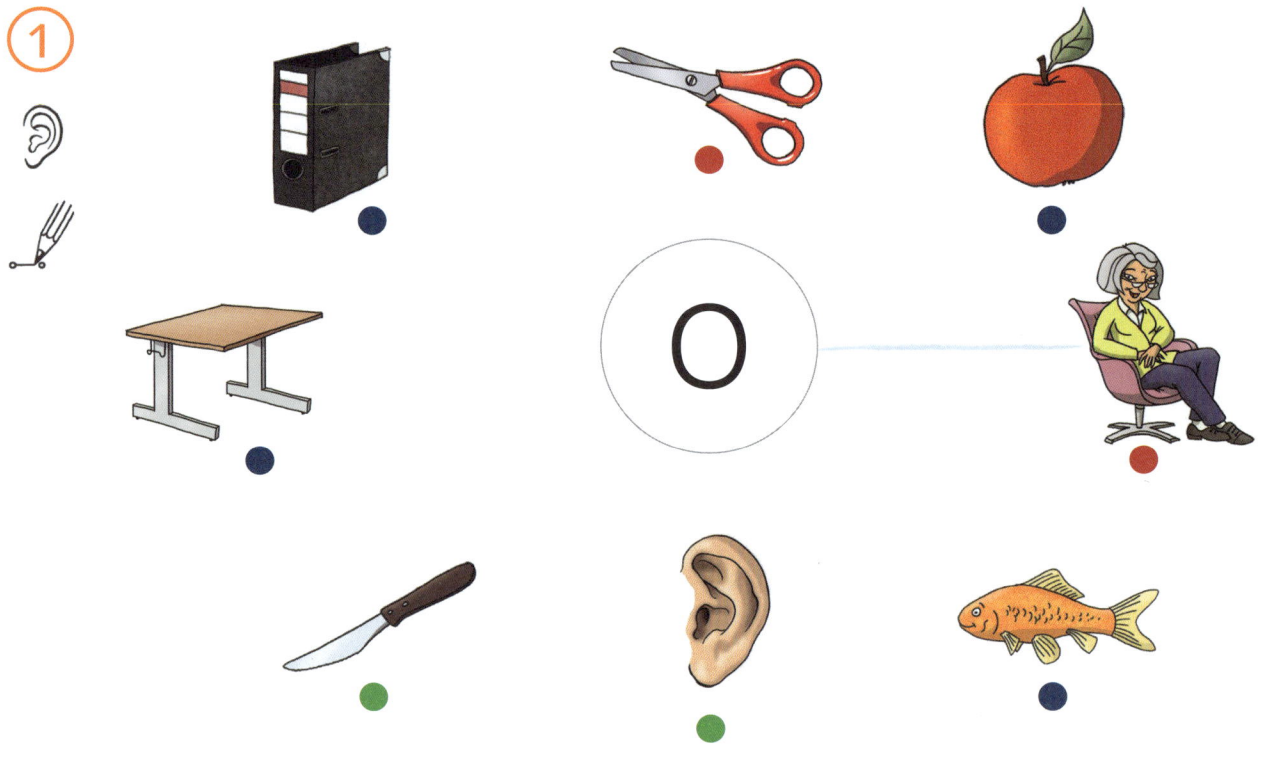

O

②

1. Anlaut abhören | 2. Buchstabenfelder mit O/o ausmalen

► **vor** BB S. 8–9
► Diff.-Block S. 5–8

O o

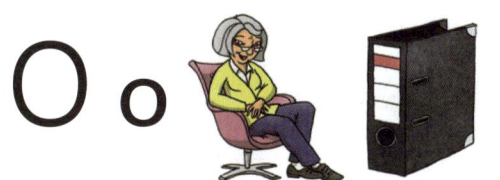

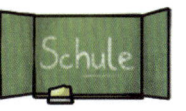

1

O o o o O o O o

O 1. o 1.

2

O O

O O

o o

o o

Momo Momo

▸ **vor** BB S. 8–9
▸ Diff.-Block S. 5–8

1. O/o nachspuren

2. O/o schreiben

A a

①

②

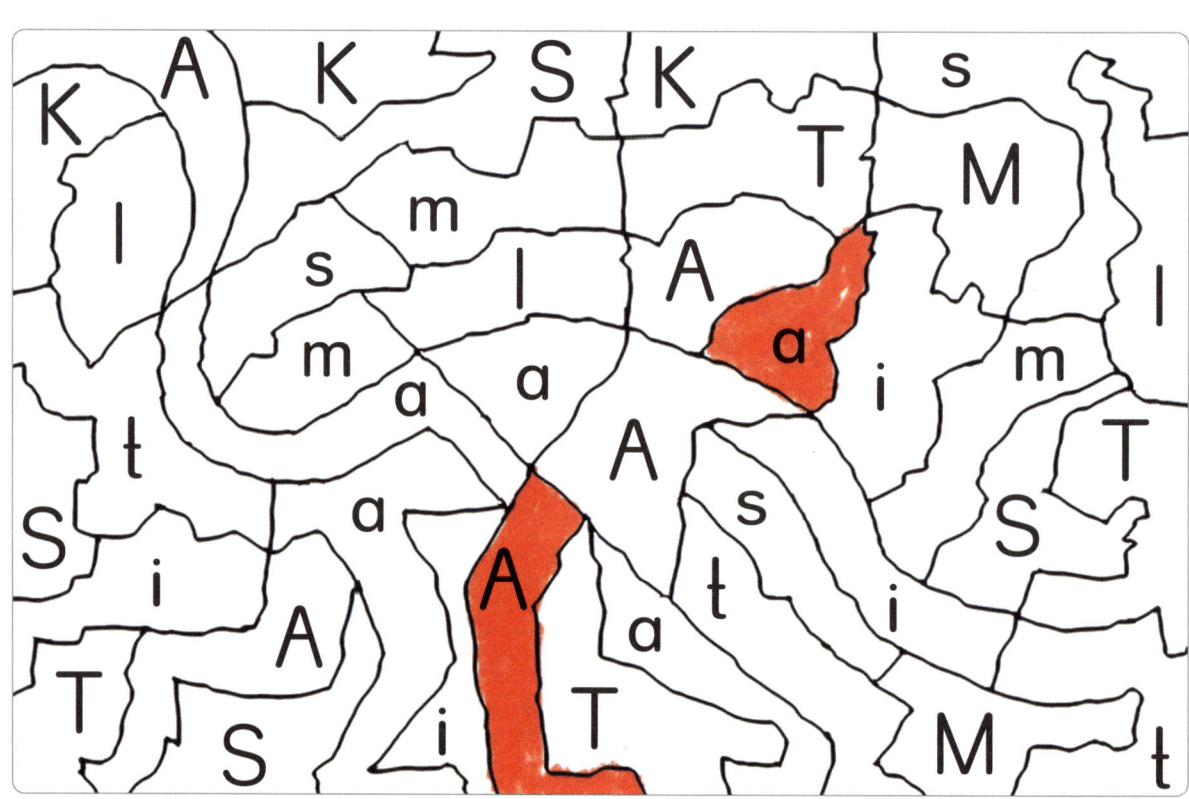

1. Anlaut abhören   2. Buchstabenfelder mit A/a ausmalen

▸ **vor** BB S. 8–9
▸ Diff.-Block S. 9–12

A a

1

A a a

2. A 3. 1. a 1. 2.

A a A

2

A A

a a

A a A a

am am

Mama Mama

▸ vor BB S. 8–9
▸ Diff.-Block S. 9–12

1. A/a nachspuren

2. A/a schreiben

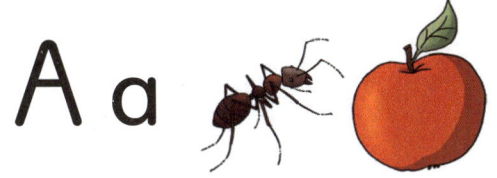

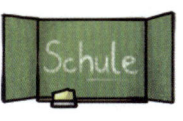

A a

1

Ma	mo	Mama
	ma	

Mo	mo	
	ma	

2

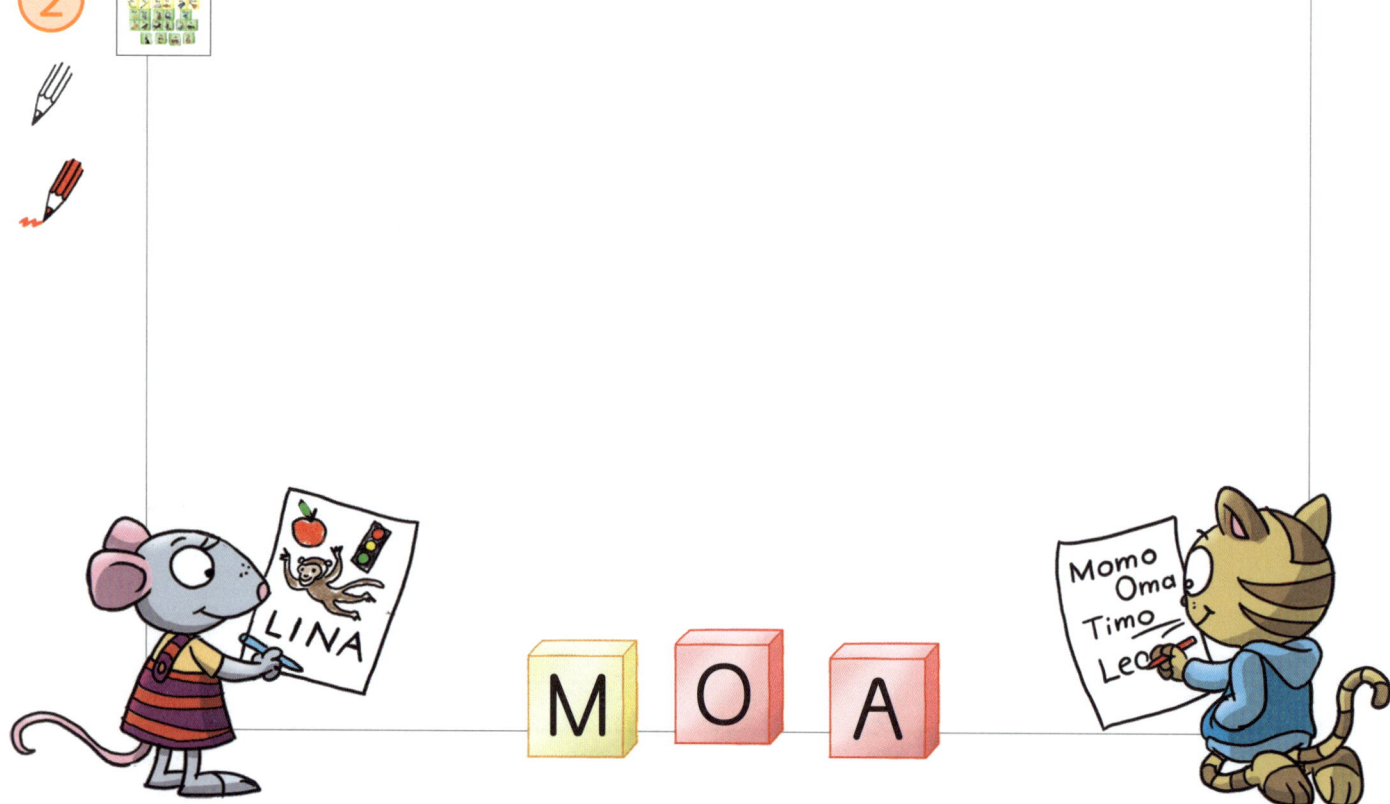

M O A

1. Einzeichnen der Silbenbögen, Anfangs-
und Endsilben entsprechend dem Bild
verbinden, Wort (Mama, Momo) schreiben

2. Schreiben oder Malen von Wörtern, die die
Buchstaben M/m, O/o oder A/a enthalten.
D Freies Schreiben mit Hilfe der Lauttabelle

► vor BB S. 8–9
► Diff.-Block S. 9–12

①

 I

  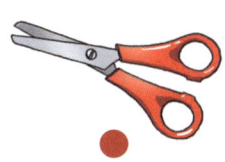

②

I i

①

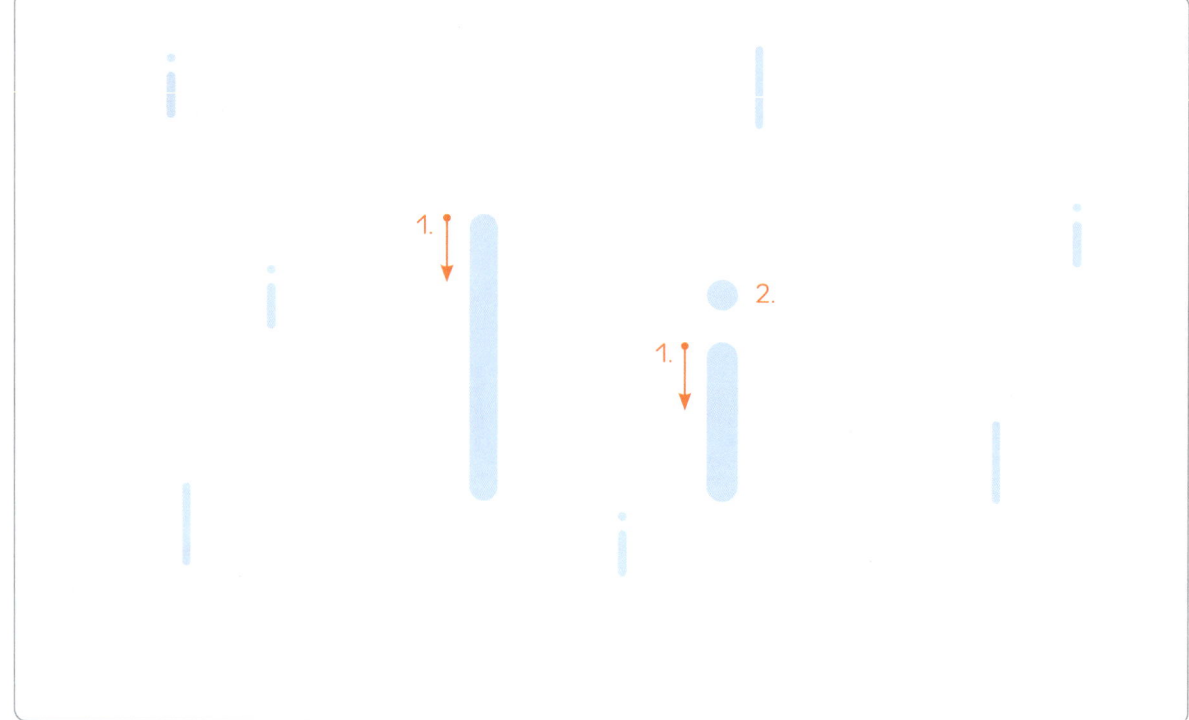

②

①

Momo am  ☐

Momo im ☒

Mama im  ☐

Mama am ☐

Mia am ☐

Mia im ☐

②

▸ **vor** BB S. 12 – 13
▸ Diff.-Block S. 13 – 17

1. Ankreuzen der Sätze entsprechend den Bildern

2. Malen oder Schreiben mit Hilfe der Lauttabelle zur Frage: Was ist in deiner Klasse?

29

T t

①

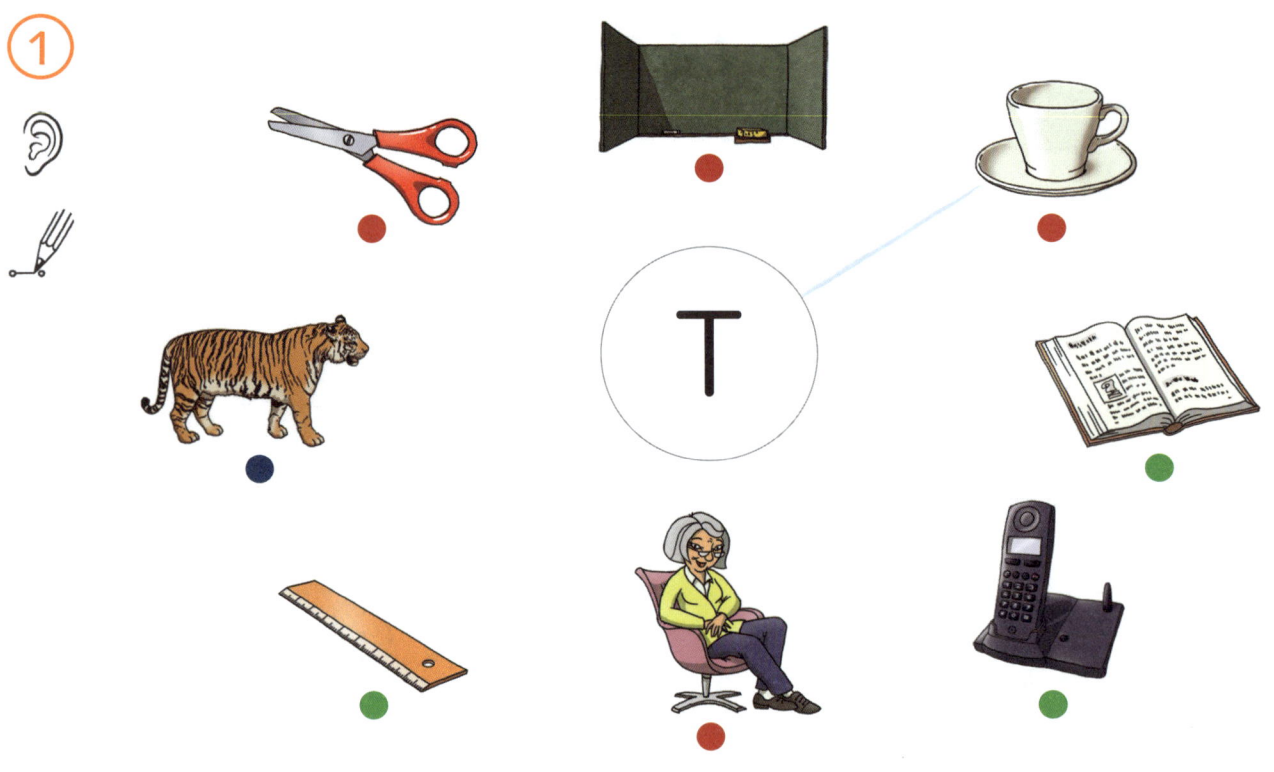

②

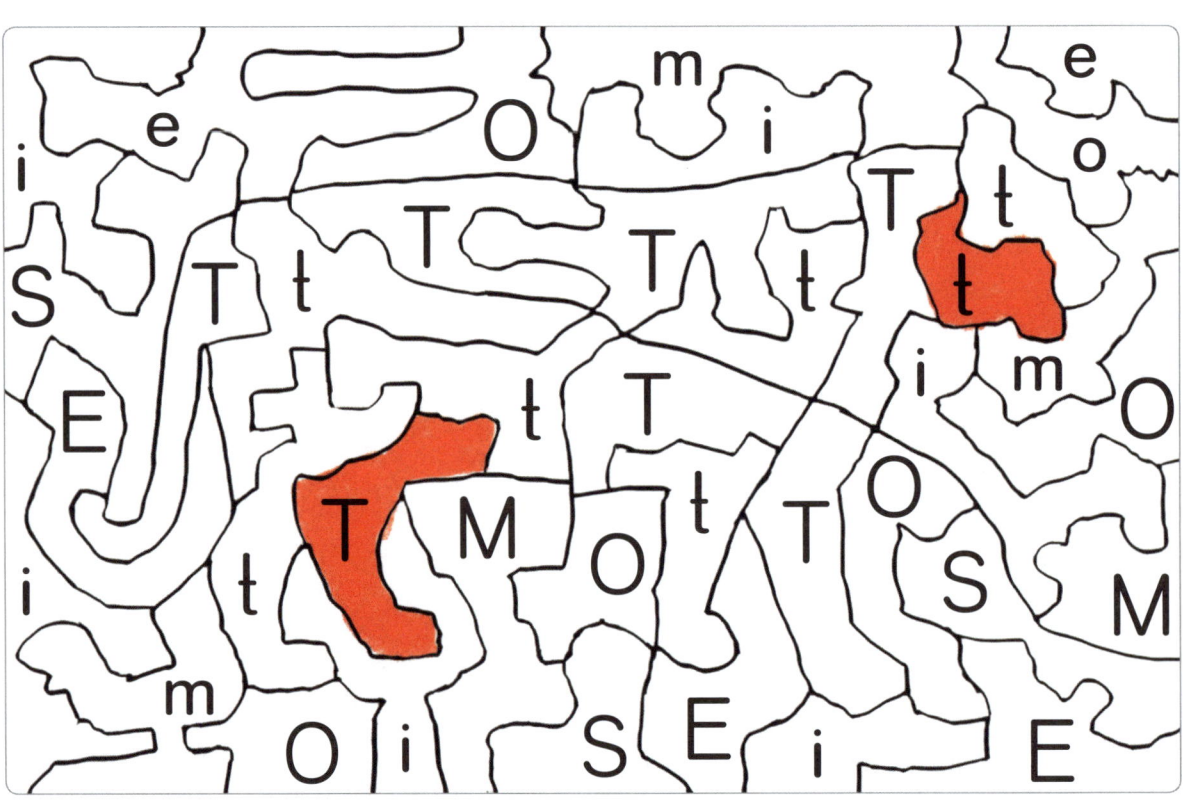

1. Anlaut abhören   2. Buchstabenfelder mit T/t ausmalen   ▶ **vor** BB S. 12–13

▶ Diff.-Block S. 18–22

1

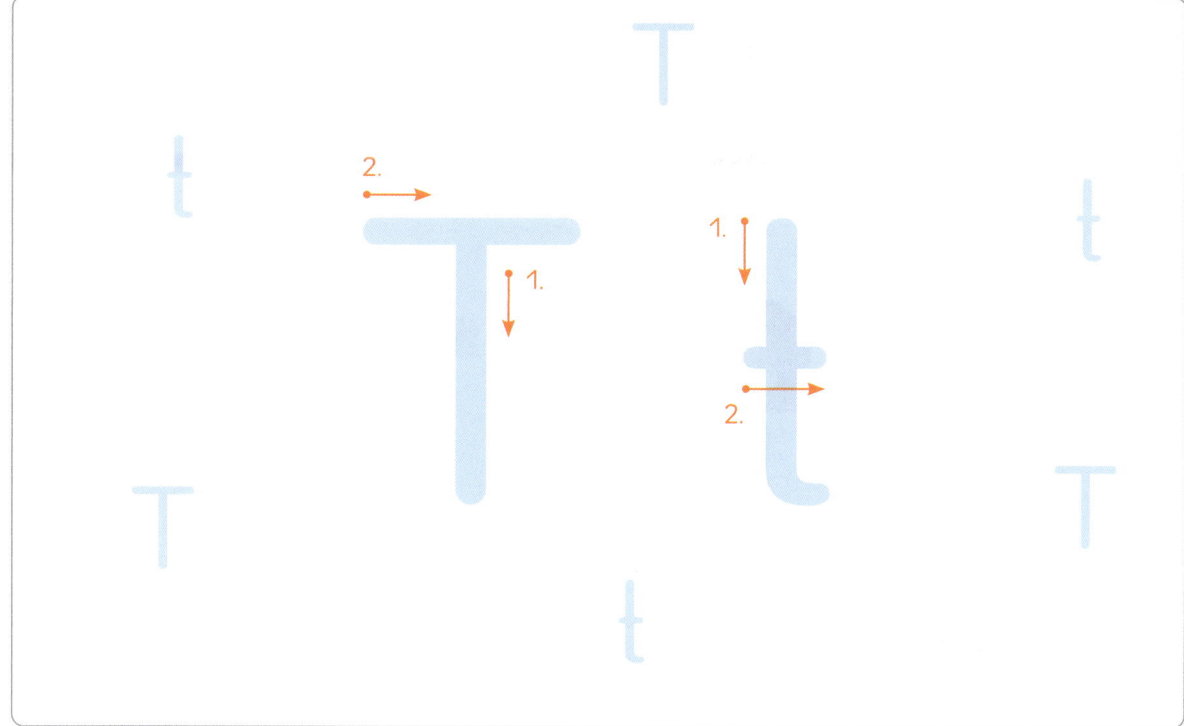

2

T t

 ①

M _____ _____

_____ _____ _____ _____

---

②

Ta
Ti
To

To
Ti
Ta

---

③

Timo mit Momo am   ☐

Timo mit Mia am  ☐

Mia mit Timo am  ☐

Mia mit Momo am  ☐

---

2. Einzeichnen der Silbenbögen, Bild mit der entsprechenden Anfangssilbe verbinden

3. Ankreuzen der Sätze entsprechend dem Bild

► vor BB S. 12–13
► Diff.-Block S. 18–22

In der Klasse

Meine Freunde:

Meine Lieblingsspiele:

Das mache ich in der Schule am liebsten:

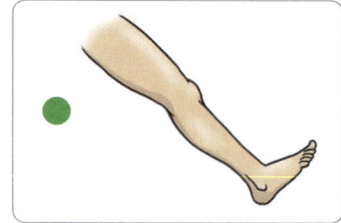
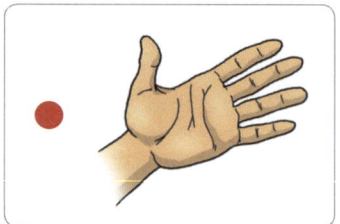

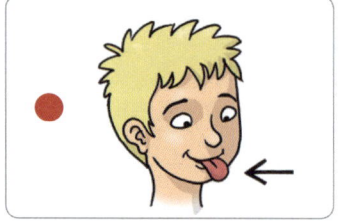
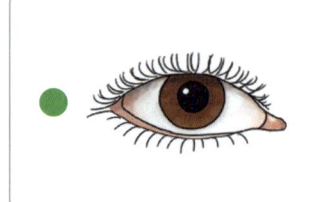
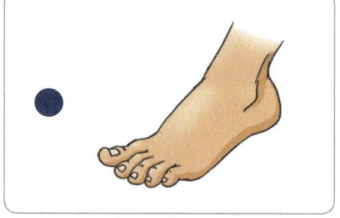

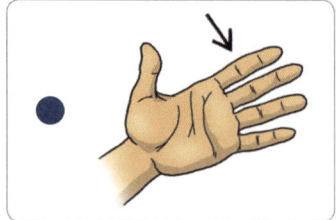
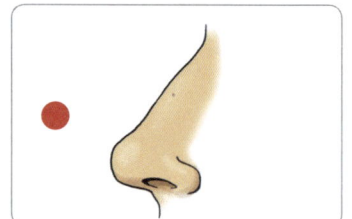
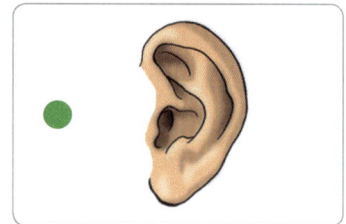

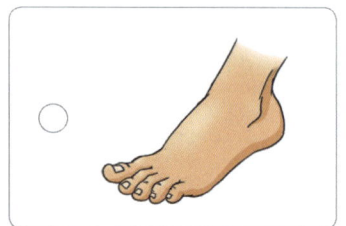
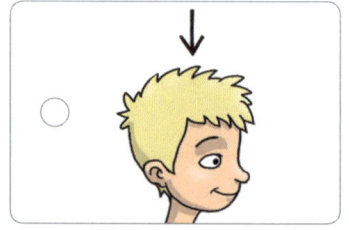
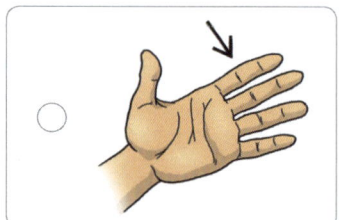

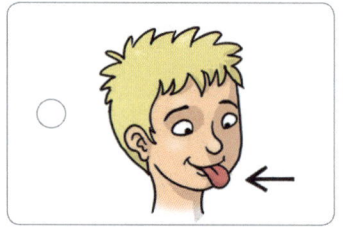
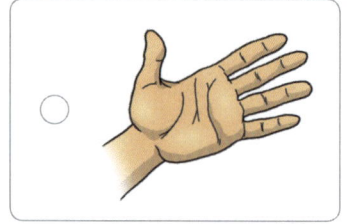
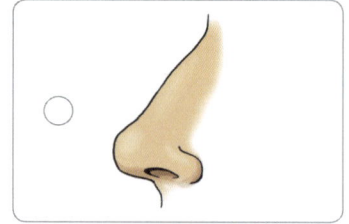

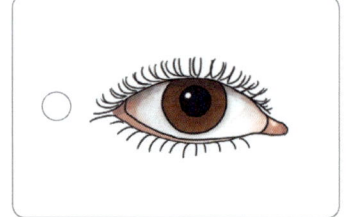
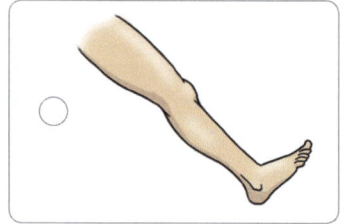
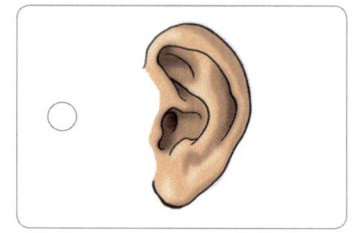

Benennen der abgebildeten Körperteile mit entsprechendem Artikel; Anmalen der Artikelpunkte

Was ist das? Das ist (die Nase).
D Benennen weiterer Körperteile mit Artikel nach bekanntem Redemuster

► **nach** BB S. 16–17

Mia hat

Farbiges Markieren der verschiedenen
Körperteile entsprechend ihrer Anzahl.
Wie viele (Augen) hat Mia?
Mia hat (2) (Augen).

🄳 *Was kann Mia mit (den Augen) machen?*
(Sehen)/(Mia kann mit den Augen sehen).

35

L l

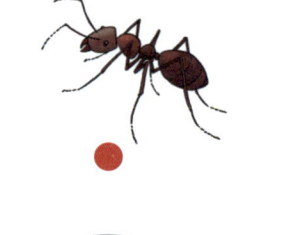

L

---

②

blau

Leo

Salat

Regal

Lina

Lineal

Lampe

lesen

malen

lila

1

2

li

la

lila

L l

(1)

L _____ _____ _____

_____ _____ _____

---

(2)

La
Lo
Li

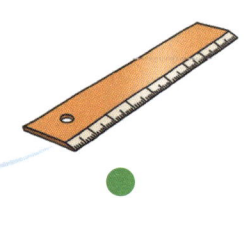 ●

Li
Lo
La

Ma
Mo
Mi

Ta
Ti
To

 ●

---

1. Anlautbilder
(mit Hilfe der Lauttabelle) verschriften

2. Verbinden der entsprechenden
Anfangssilbe mit dem Bild

► **vor** BB S. 20–21
► Diff.-Block S. 23–28

(1)

Timo

Oma

Mama

Mia

---

(2)

Mia

Mia malt

Mia malt Timo.

Timo

Timo malt

Timo malt 5 lila  .

▶ **vor** BB S. 20–21

▶ Diff.-Block S. 23–28

1. Einzeichnen der Silbenbögen,
Bild mit dem entsprechenden Wort
verbinden, Wort schreiben

2. Vervollständigen der Bilder
entsprechend den Treppensätzen

S s

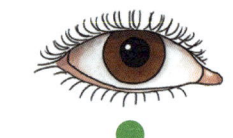

7

S

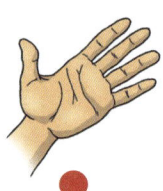

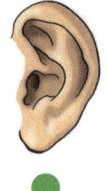

②

Salat

Maus

Sofa

Esel

Salami

Hose

Nest

Sonne

Messer

Seil

Insel

Nase

Saft

S s

1

s S s S s S

S s

2

S S

s s

S s S s

so so

ist ist

Salat Salat

1. S/s nachspuren

2. S/s schreiben

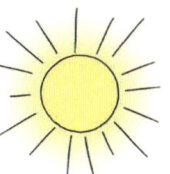

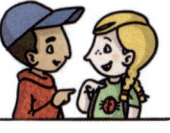

S s

①

S _____

_____

_____

②

So
Si
Sa

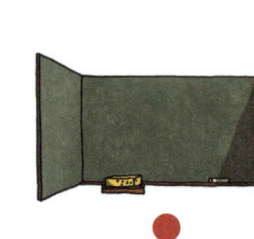

Si
So
Sa

Ti
To
Ta

To
Ti
Ta

1. Anlautbilder und Wörter (Sofa, Salat)
mit Hilfe der Lauttabelle verschriften

2. Verbinden der entsprechenden
Anfangssilbe mit dem Bild

► **vor** BB S. 20–21
► Diff.-Block S. 29–33

①  Momo ist mit Timo im 🌳. ☐

Momo ist mit Timo am 🪢. ☐

Mia ist mit Timo am 🗄️. ☐

Mia ist mit Momo am 🗄️. ☐

Lisa ist mit Timo im ⚽. ☐

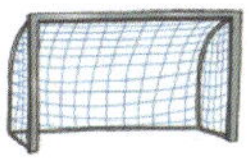

Lisa ist mit Timo am ⚽. ☐

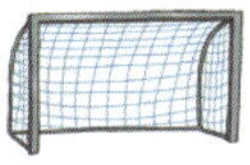

②

► **vor** BB S. 20–21
► Diff.-Block S. 29–33

1. Ankreuzen der Sätze
dem Bild entsprechend

2. Schreiben mit Hilfe der Lauttabelle oder
Malen zur Frage: Was machst du am liebsten
in der Turnhalle?

43

①

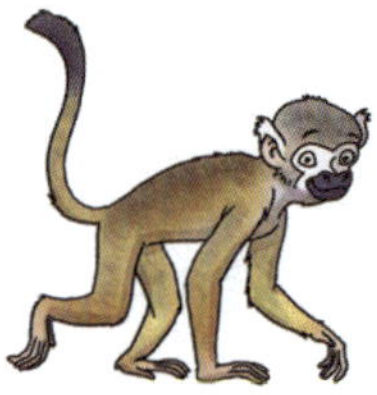

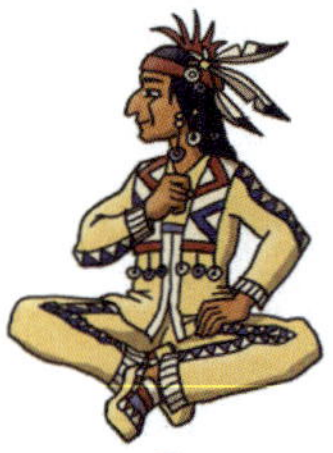

M O A L T S I

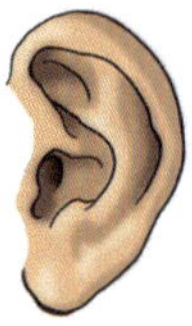

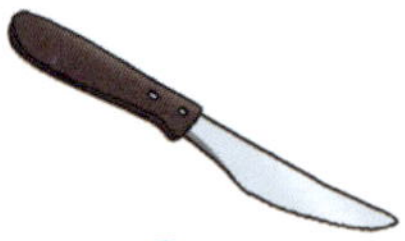

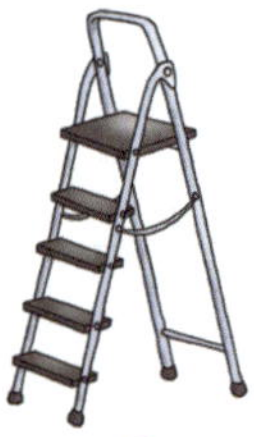

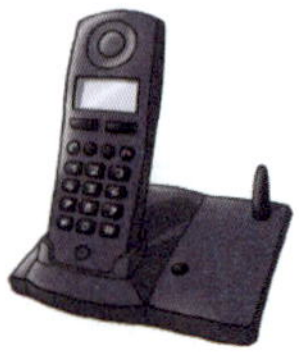

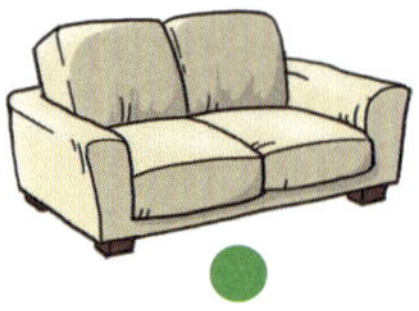

②

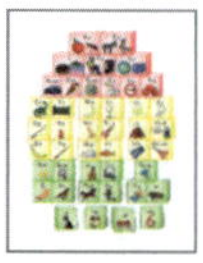

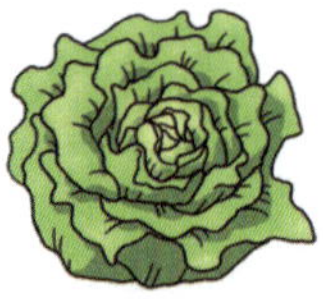

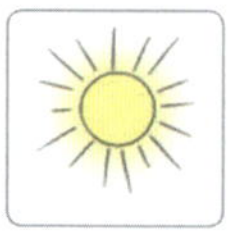

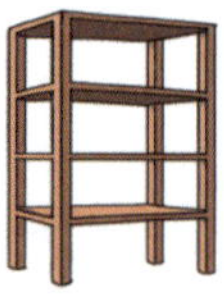

1. Anlaute abhören

2. Schreiben mit Hilfe der Lauttabelle
(Salat, Regal)

☺ war leicht
☺ war mittelschwer
☹ war schwer

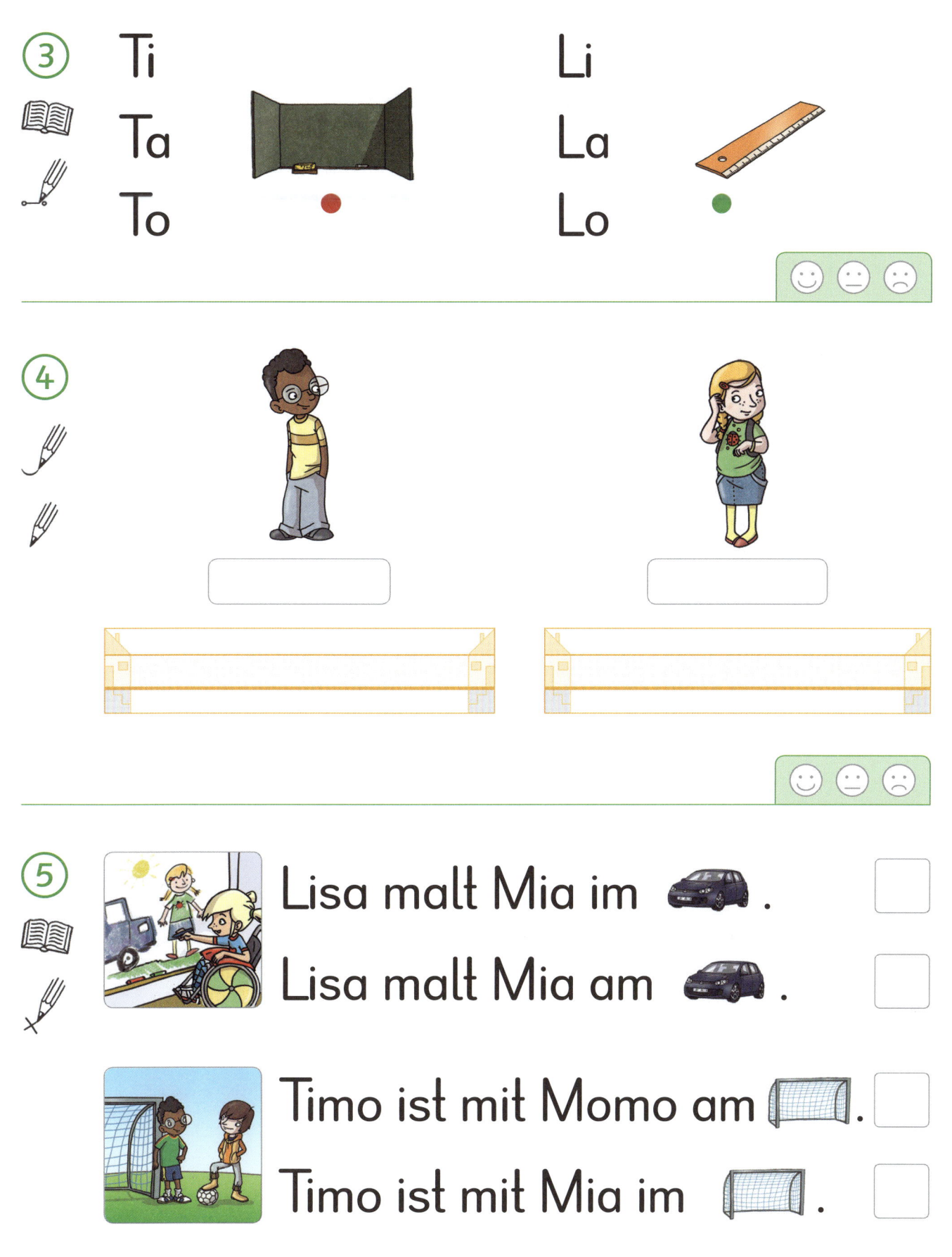

③ Ti   Li

Ta   La

To   Lo

④

⑤

Lisa malt Mia im 🚗 .

Lisa malt Mia am 🚗 .

Timo ist mit Momo am 🥅 .

Timo ist mit Mia im 🥅 .

3. Verbinden der entsprechenden
Anfangssilbe mit dem Bild

4. Einzeichnen der Silbenbögen
und Wörter schreiben

5. Ankreuzen der Sätze entsprechend
dem Bild

Ich bin ich

Das bin ich:

Das macht mich fröhlich:

Das macht mich ängstlich:

Das macht mich wütend:

Das macht mich traurig:

▸ **nach** BB S. 28–29, 34–35

Benennen der Spielgeräte und der Kinder
Partnerspiel: Figuren ausschneiden und
abwechselnd auf ein Spielgerät legen;
Partner benennt im ganzen Satz, wo sich
die Figur befindet

Wo ist Mia/Timo/Emira/Leo/Lina?
(Mia) ist im (Auto)/am (Tor).
🄳 *Wo sind (Mia und Timo)?*
(Mia und Timo) sind (im Sandkasten).

Start

Ziel

Würfelspiel: Wer auf ein farbig markiertes Feld kommt, muss den richtigen Satz zum Bild sagen. Wer den Satz nicht sagen kann, geht die gewürfelte Augenzahl zurück.

Wo ist Mia? Mia ist im Haus, am Zaun, am Cafe, am Zebrastreifen, am Spielplatz, im Bus, am Tor.

► nach BB S. 28–29, 34–35

E e

①

②

Esel

Ente

Elefant

See

elf

Dose

Nase

Leo

Emira

Sonne

Tomate

Teller

Telefon

Apfel

E e

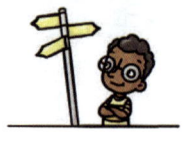

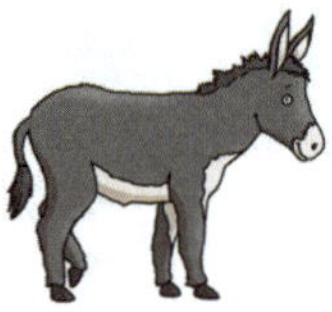

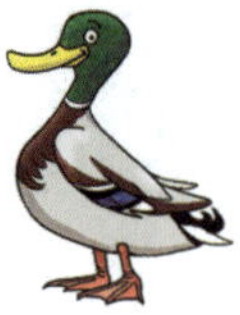

①

E e E e E e E e

1. 2. 3. 4. 1.

②

E E

e e

E e E e

Esel Esel

Leo Leo

1. E/e nachspuren

2. E/e schreiben

▸ vor BB S. 32–33
▸ Diff.-Block S. 34–37

E e

1

E _____ _____

_____ _____

2

Sa   sel

E   lat

 Salat

---

3

See

Tee

Timo

Tomate

---

1. Anlautbilder
und Wort (Elefant) verschriften
▶ **vor** BB S. 32–33
▶ Diff.-Block S. 34–37

2. Verbinden der entsprechenden Anfangs-
und Endsilben, Wörter (Salat, Esel) schreiben
und Silbenbögen einzeichnen

3. Verbinden der Bilder mit den
entsprechenden Wörtern, Silbenbögen
einzeichnen, Wörter (See, Tomate) schreiben

51

①

Timo ist mit Momo am  . ☐

Timo ist mit Mia im . ☐

Lisa ist mit Timo am  . ☐

Lisa ist mit Momo am . ☐

②

1. Ankreuzen der Sätze entsprechend dem Bild

2. Schreiben mit Hilfe der Lauttabelle oder Malen zur Frage: Was siehst du auf deinem Schulweg?

▶ **vor** BB S. 32–33
▶ Diff.-Block S. 34–37

①

② Sonne

Insel

Nase

Indianer

Nadel

Nest

Lineal

Nudel

Name

Nagel

Banane

Pinsel

N n

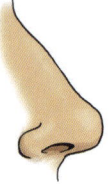

①

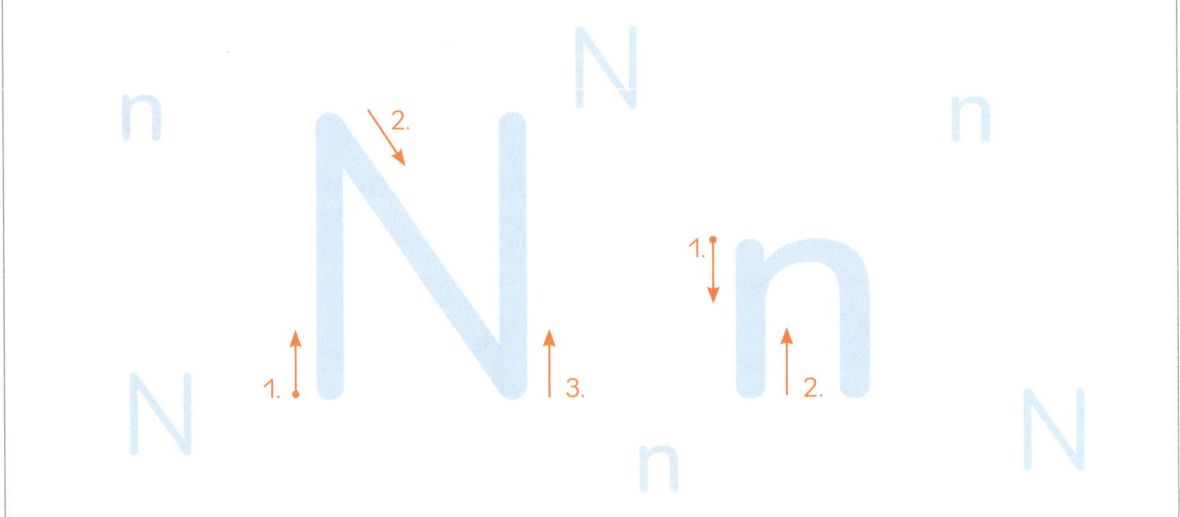

②

N n

1

N _____ _____ _____ _____ _____

_____ _____ _____

_____ _____ _____

2

Na   te

Li   se    Nase

En   na

3

S
M   onne    Sonne

M
N   ase
M

1. Anlautbilder und Wörter (Nest, Nase) mit Hilfe der Lauttabelle verschriften
▶ **vor** BB S. 32−33
▶ Diff.-Block S. 38−41

2. Verbinden der entsprechenden Anfangs- und Endsilben, Wörter (Nase, Lina, Ente) schreiben und Silbenbögen einzeichnen

3. Verbinden des entsprechenden Anfangsbuchstabens mit dem Wortstamm, Wort (Sonne, Nase) schreiben

55

N n

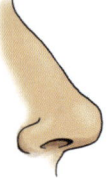

①

malen **ess**en **les**en

②

Natalia malt 2 Enten.

Milan malt 3 lila .

③

1. Verbinden der Bilder mit den entsprechenden Wörtern (malen, essen, lesen)
2. Vervollständigen der Bilder entsprechend den Sätzen

3. Schreiben mit Hilfe der Lauttabelle zur Frage: Welche Klassendienste gibt es in deiner Klasse? Wer hat welche Dienste? Schreibe die Namen der Kinder auf.

Variante: Zuordnen der Fibelkinder zu den entsprechenden Klassendiensten (siehe BB S. 29)

► **vor** BB S. 32–33
► Diff.-Block S. 38–41

P p

①

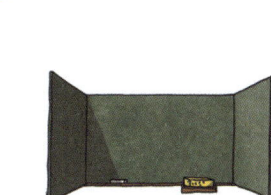

P

---

②

Paket

Post

Ampel

Lampe

Palme

Pinsel

Papagei

Opa

Papa

Puppe

Treppe

P p

①

②

1. P/p nachspuren   2. P/p schreiben

▶ **vor** BB S. 36–37
▶ Diff.-Block S. 42–46

P p

①

● P _____ _____ _____ _____ _____

● _____ _____ _____ _____

● _____ _____ _____ _____

---

②

Pa   pel

●

Am   pa    Papa

●

Lam   sel

●

Pin   pe

●

▸ **vor** BB S. 36–37
▸ Diff.-Block S. 42–46

1. Anlautbilder und Wörter (Post, Palme) mit Hilfe der Lauttabelle verschriften

2. Verbinden der entsprechenden Anfangs- und Endsilben, Wörter (Papa, Ampel, Lampe, Pinsel) schreiben und Silbenbögen einzeichnen

P p

① 📖 ✂️

Lampe●	Papa●	Pinsel●	Ampel●

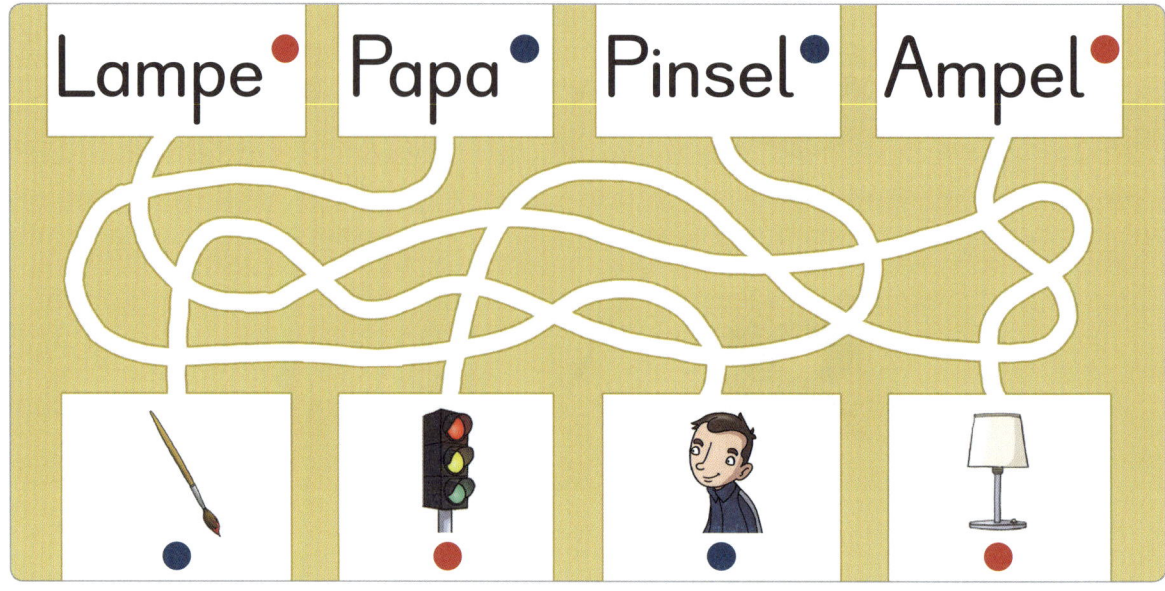

② 📖 ✂️

Timo ist mit Milan im  . ☐

Timo ist mit Papa im  . ☐

Natalia ist mit Mia am  . ☐

Natalia ist mit Momo am  . ☐

 U u

①

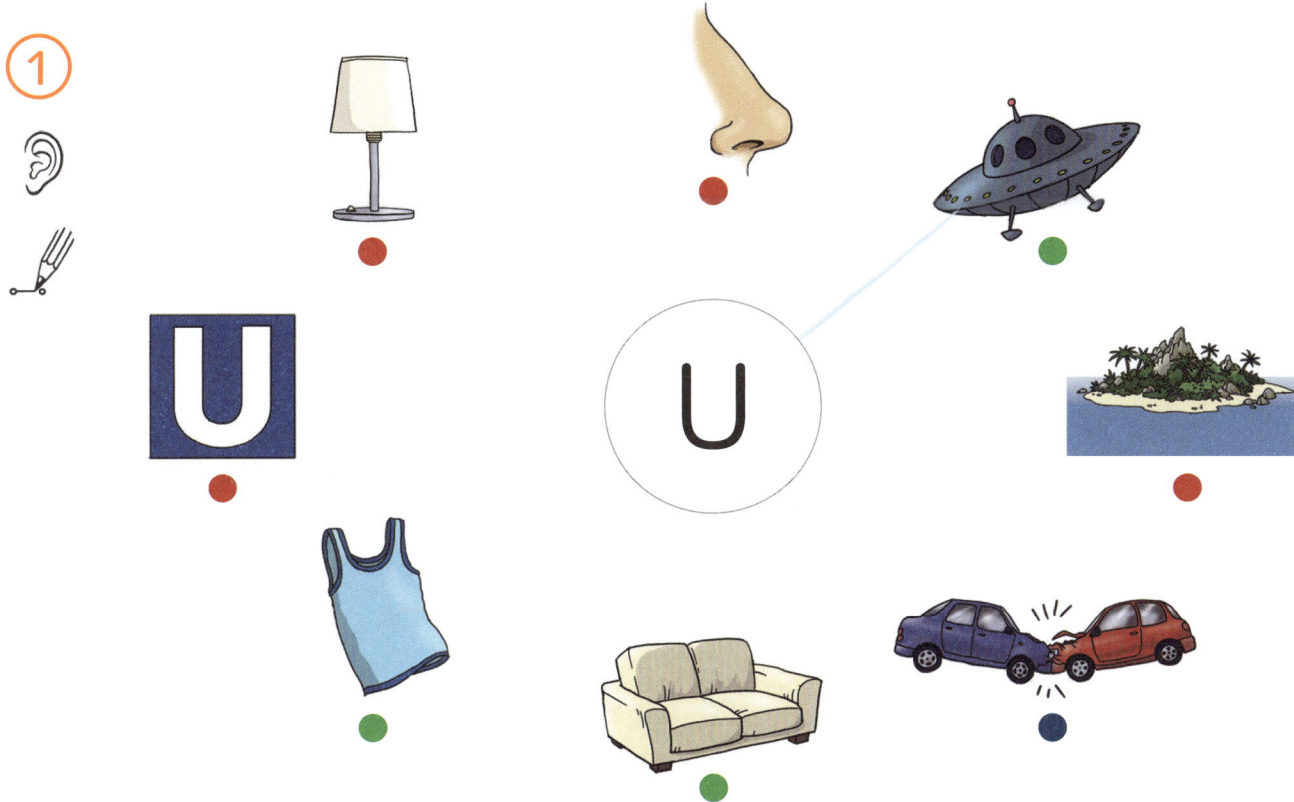

②

Umut

Unfall

Luft

Ufo   Bus   Uhr   Blume

Computer   Hut

um   Pulli   Fuß

Unterhemd   Buch

U u

①

②

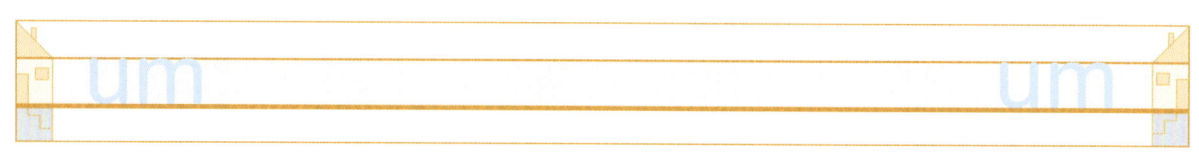

---

1. U/u nachspuren   2. U/u schreiben

▸ **vor** BB S. 36–37
▸ Diff.-Block S. 47–51

U u

1

B ____ ____ ____ ____ ____

____ ____ ____

____ ____ ____

2

U	lat	
En	mut	 Umut
Sa	te	
Na	sel	
E	se	

► **vor** BB S. 36–37
► Diff.-Block S. 47–51

1. Anlautbilder und Wörter (Ufo, Umut) mit Hilfe der Lauttabelle verschriften

2. Verbinden der entsprechenden Anfangs- und Endsilben, Wörter (Umut, Ente, Salat, Nase, Esel) schreiben und Silbenbögen einzeichnen

U u

Lina	☒	See	☐	Ente	☐
Salat	☐	Esel	☐	Sonne	☐
Umut	☐	Ampel	☐	Sessel	☐

1. Wörter lesen und ankreuzen, was auf dem Bild zu sehen ist

2. Schreiben mit Hilfe der Lauttabelle oder Malen zur Frage: Wo versteckst du dich am liebsten?

▸ **vor** BB S. 36–37
▸ Diff.-Block S. 47–51

In der Klasse

Das mag ich:

Das mag ich nicht:

Auf dem Schulhof

Das mag ich:

Das mag ich nicht:

Auf dem Schulweg

Das mag ich:

Das mag ich nicht:

Bei mir zu Hause

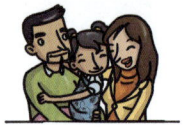

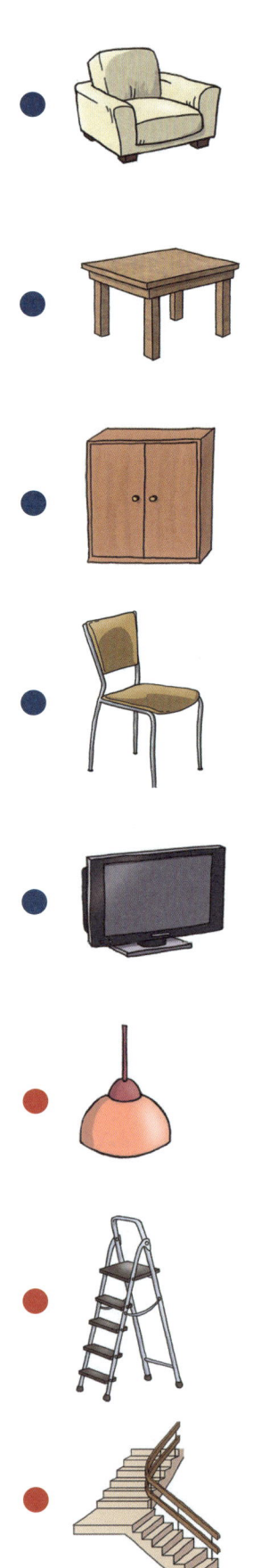

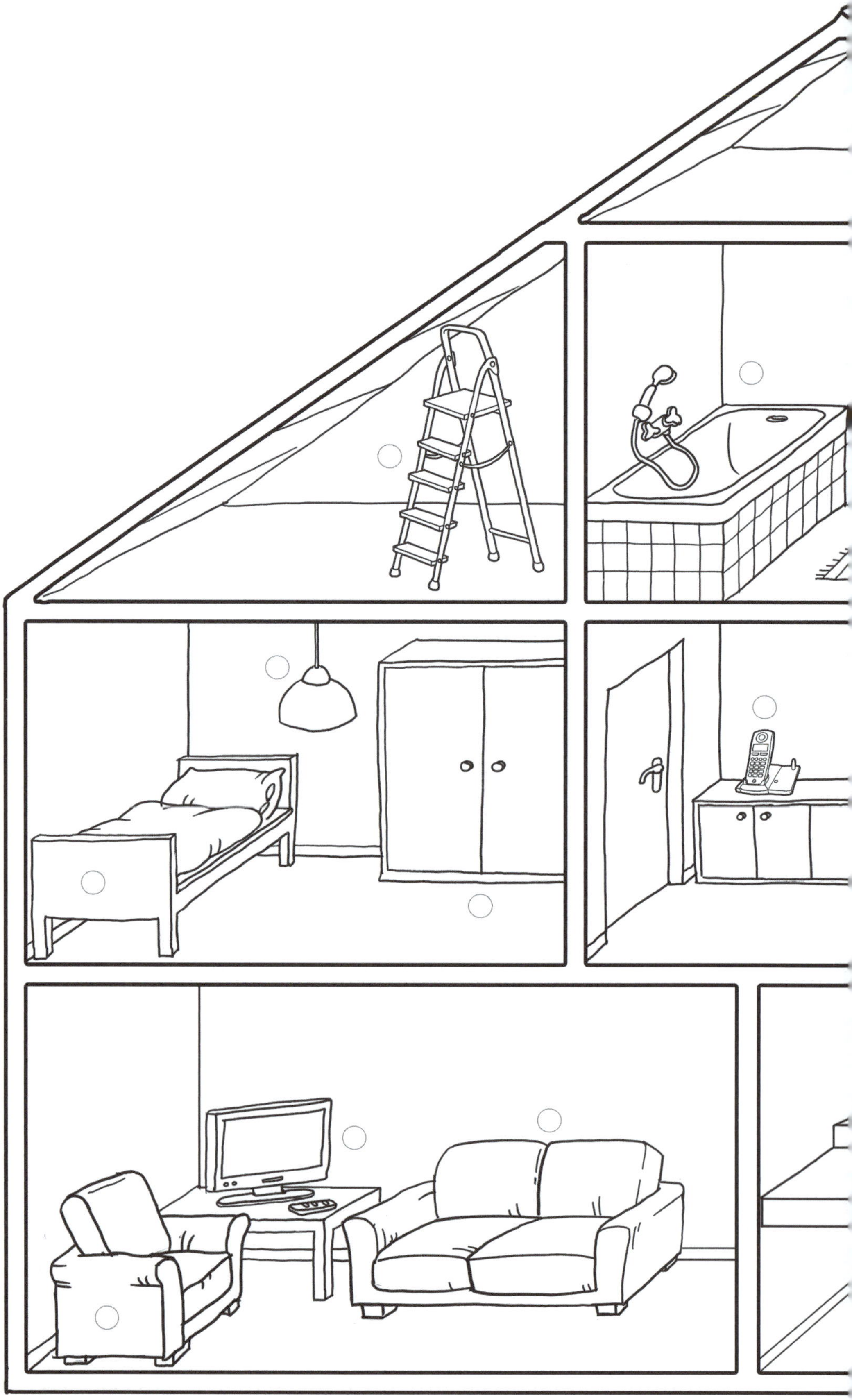

Benennen der vorgegebenen Sprechwortschatzwörter mit entsprechendem Artikel; Anmalen der Artikelpunkte in der Illustration

Was ist das? Das ist (das Sofa).
Wo ist das Sofa?
Das Sofa ist (im Wohnzimmer).

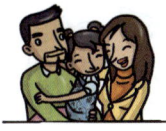

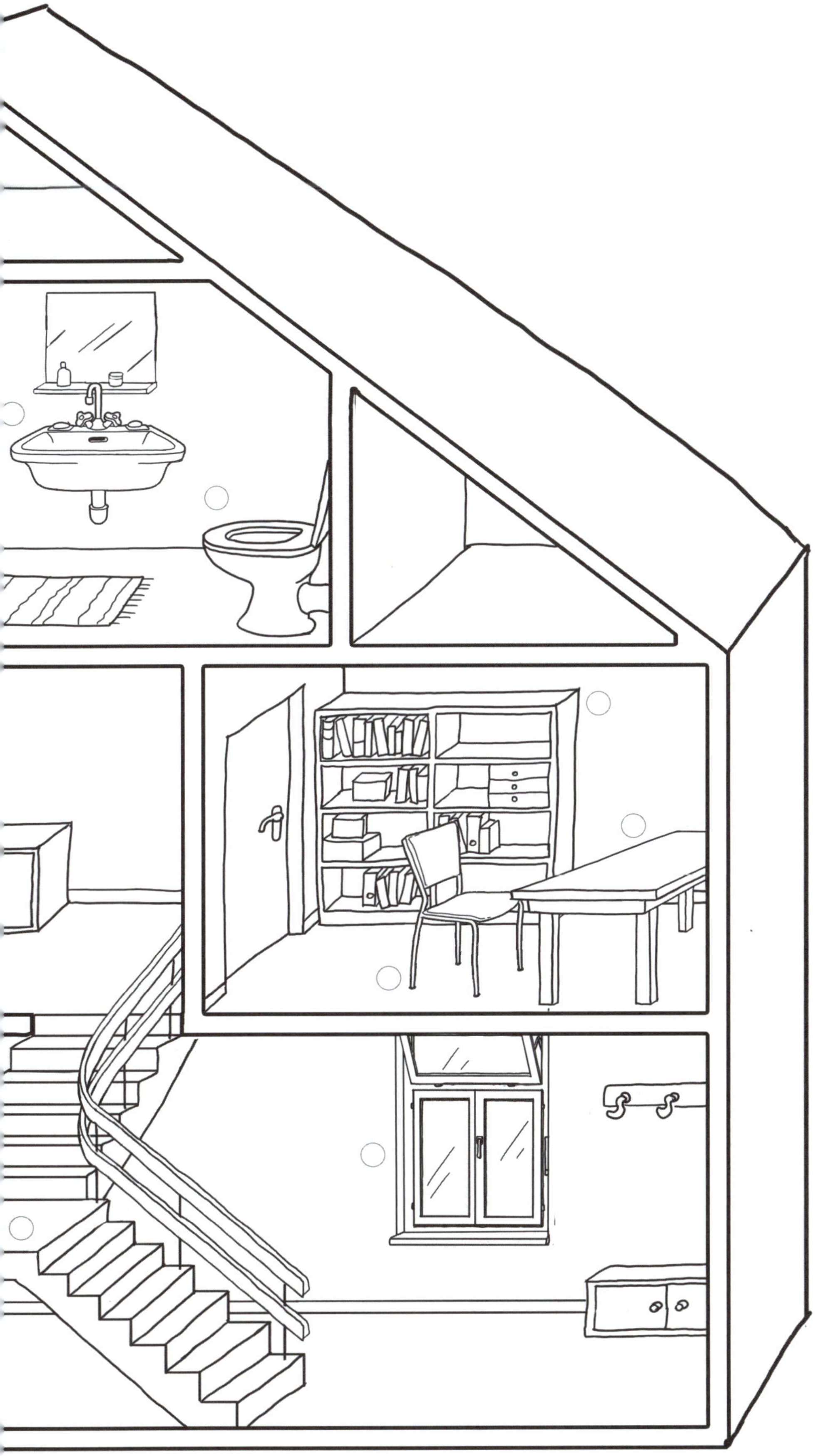

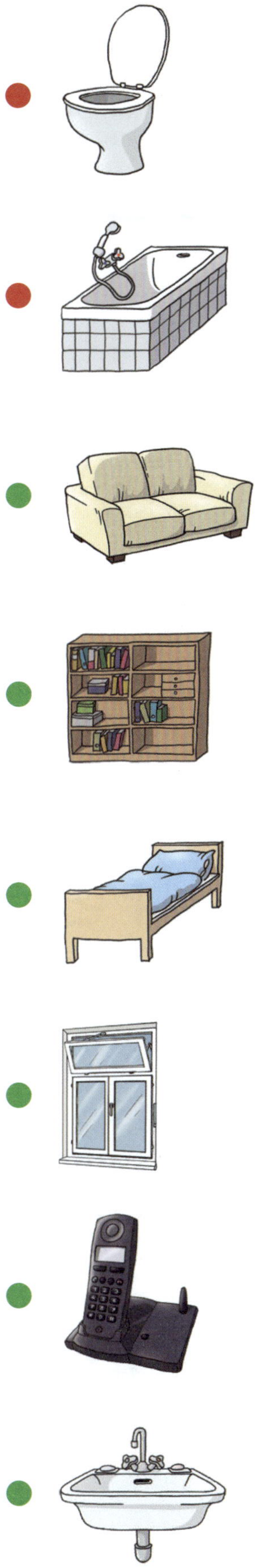

▸ **nach** BB S. 44–45

D Ausmalen der Illustration:
Spiel in Partnerarbeit *„Ich sehe was, was du nicht siehst und das ist …“*

F f

①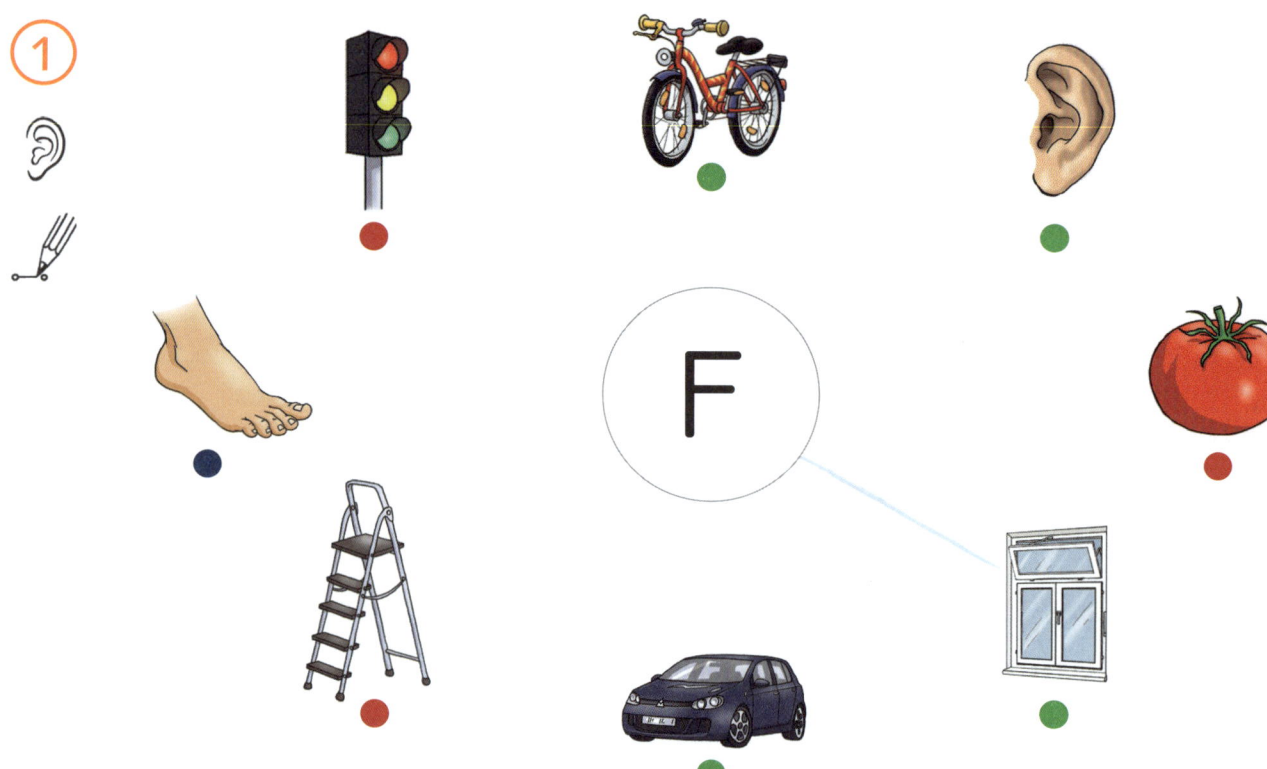

② Fenster Sofa **Fernseher**

fragen feiern

treffen

Familie **Fest** Flur

Schlafzimmer

Elefant

schlafen **fegen**

aufräumen Telefon

F f

1

f

1. ↓
2. →
3. →

f
1. ↰
2. →
f

F

f

F

2

F   F

f   f

F f   F f

Foto   Foto

Film   Film

elf   elf

▸ **vor** BB S. 46–47
▸ Diff.-Block S. 52–56

1. F/f nachspuren   2. F/f schreiben

F f

①

Fi
Fo —— to
Fu ●

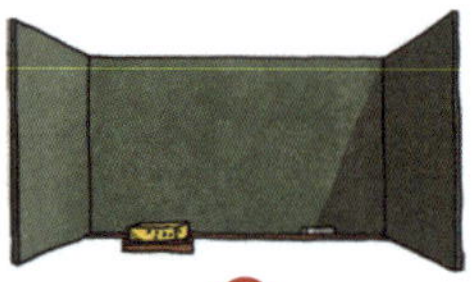

Ta
Te   fel
Tu ●

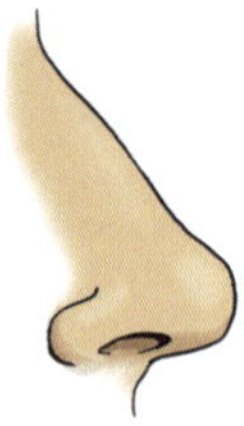

Nu
No   se
Na ●

Si
Su   fa
So ●

---

②

●

Foto

●

●

●

---

1. Verbinden der Anfangs- und Endsilben
entsprechend dem Bild

2. Einzeichnen der Silbenbögen,
Wörter schreiben

► **vor** BB S. 46–47
► Diff.-Block S. 52–56

① Film ☐ Tafel ☐ Elefant ☐

Foto ☐ Tasse ☐ Telefon ☐

Sofa ☒ Lampe ☐ Emira ☐

② Opa ist am Telefon. ☒

Mama ist am Telefon. ☐

Opa ist im Sessel. ☐

Emira ist am Sofa. ☐

Oma malt lila Lampen. ☐

Oma malt Elefanten. ☐

R r

①

R

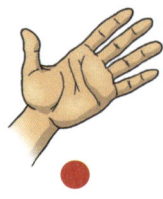

②

Emira

Raum

Roller

Rakete

rosa

Regal

rufen

Rose

Arm

Bruder

Eltern

rot

Zimmer

Flur

R r

1

R r

2

R

r

R r

rot

rosa

Rose

①

Rose
Rasen
Roller

Milan
Messer
Mia

Tor
Tomate
Teller

rot
rosa
Rose

②

rufen

Mia turnt.

turnen

Timo ruft.

rennen

Papa malt.

malen

Umut rennt.

lernen

Mia lernt.

1. Verbinden der Bilder mit den entsprechenden Wörtern (Roller, Messer, Tomate, Rose), Silbenbögen einzeichnen

2. Verbinden der Verben und Sätze mit den entsprechenden Bildern

▶ vor BB S. 46–47
▶ Diff.-Block S. 57–61

R r

①

Tor ☒   Flur ☐   lila Ufo ☐

Emira ☐   Teller ☐   rote Ampel ☐

Lampe ☐   Roller ☐   rosa Rosen ☐

②

▶ **vor** BB S. 46–47
▶ Diff.-Block S. 57–61

1. Lesen der Wörter und ankreuzen, was auf dem Bild zu sehen ist

2. Schreiben mit Hilfe der Lauttabelle oder Malen zur Frage: Was siehst du, wenn du aus deinem Fenster schaust?

75

① 📖 ✏️ ✏️ ✏️

le   fen
ru   sen

tur   len
ma   nen

ren   sen
le   nen

😊 😐 🙁

② 📖 ✏️ ✏️

Esel
Pinsel

Nase
Foto

Rose
Lampe

😊 😐 🙁

1. Verbinden der entsprechenden Anfangs-
und Endsilben, Wörter (lesen, malen, rennen)
schreiben, Silbenbögen einzeichnen

2. Verbinden der Bilder mit den
entsprechenden Wörtern (Pinsel, Nase,
Lampe), Wörter schreiben, Silbenbögen
einzeichnen

😊 war leicht

😐 war mittelschwer

🙁 war schwer

③ Umut

 Umut malt.

Umut malt Emira.

Umut malt Emira mit Timo.

Umut malt Emira mit Timo im Tor.

☺ 😐 ☹

④

Opa ist am Telefon. ☐

Timo ruft Papa an. ☐

Mia ruft Emira an. ☐

Emira ist am  . ☐

Umut ist im  . ☐

Momo ist mit Timo am Tor. ☐

☺ 😐 ☹

3. Vervollständigen des Bildes
entsprechend den Treppensätzen

4. Ankreuzen der Sätze
entsprechend dem Bild

Meine Familie

Das bin ich mit meiner Familie:

Das mache ich gerne mit meiner Familie:

Mein Zuhause

Das mag ich: Das mag ich nicht:

Das kann ich schon!

malen	Telefon
rufen	Elefant
lesen	Tafel
turnen	Sofa
rennen	Nase
lernen	Ampel

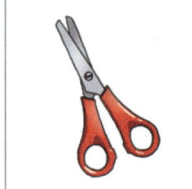 

Partnerarbeit: Abwechselndes Würfeln und entsprechend der Augenzahl unter ein selbst gewähltes Wort Silbenbögen einzeichnen oder ein selbst gewähltes Wort malen, klatschen, lesen, schreiben oder schreiben mit Hilfe der Lauttabelle. ❀ Joker: Freie Wahl

Das kann ich schon!

Meine Lieblingswörter:

Ei ei

①

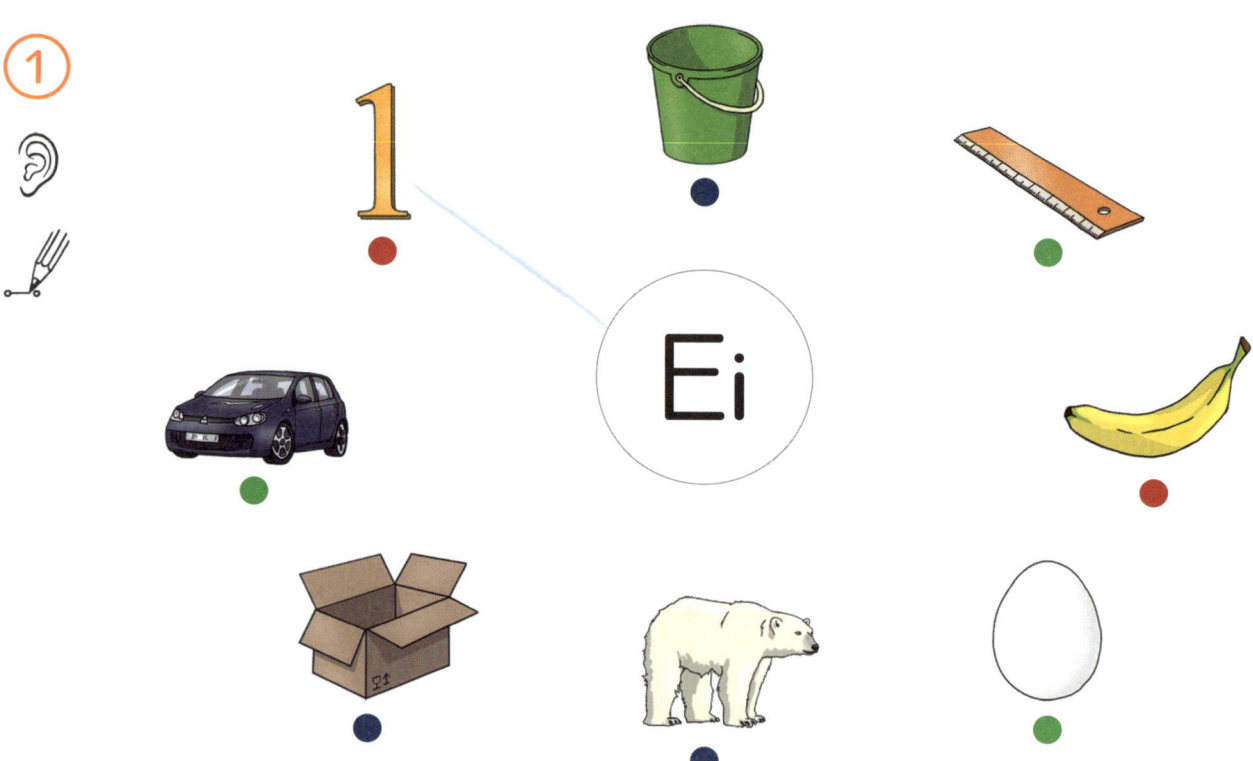

②

 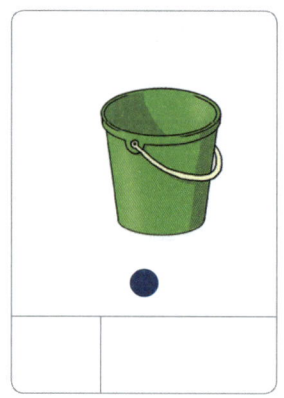  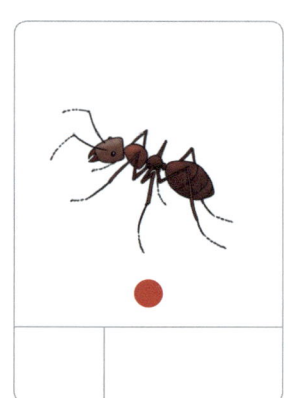

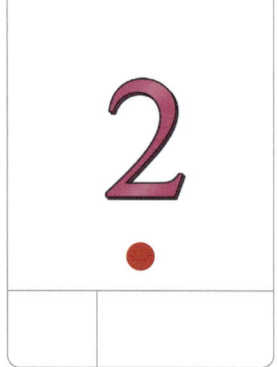 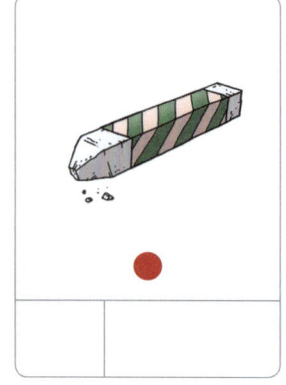  

---

1. Anlaut abhören

2. Stellung der Lautverbindung / ei / abhören
(Anlaut bzw. In- oder Auslaut)

▶ **vor** BB S. 58–59
▶ Diff.-Block S. 62–66

Ei ei

①  eine

Eis

Papagei

 Eimer

Polizei

Seife

Eisbär

leise

ein

Ei

Kreide

Leiter

drei

eine

 ②

Ei ei

► vor BB S. 58–59
► Diff.-Block S. 62–66

① 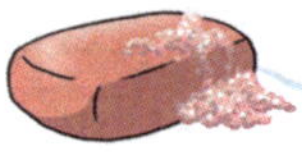 Seite

Seife

Seife

Ampel

Ameise

Eis

Eimer

Leiter

Leine

---

② ein   eine   einen   mein   ~~eine~~

~~ein~~   Eier   Eimer   Eisen   Eimer   Eis

Reifen   Leiter   Seil   Reifen   Leine

Reiter   Leiter   Reise   Seite   Leiter

---

1. Verbinden der Bilder mit den entsprechenden Wörtern (Seife, Ameise, Eimer, Leiter),
Silbenbögen einzeichnen, Wörter schreiben

2. Durchstreichen des doppelt
vorkommenden Wortes

4

Ei ei

Mit einem Ufo im All

②

▶ **vor** BB S. 58–59
▶ Diff.-Block S. 62–66

1. Lesen des Comics

2. Forterzählen des Comics und Schreiben zur Frage: Was sagen Lina, Leo und der Außerirdische?

5

Ich stelle mir vor

①

		ein			
Leo	hat	eine			
Lina		einen			

②

⚀	Lina hat	ein	
⚁	Lina hat	_____	
⚂	Leo hat	_____	
⚃	Lina hat	_____	
⚄	Leo hat	_____	
⚅	Leo hat	_____	

Benennen der dargestellten Begriffe.
„Leo/Lina hat ein, eine, einen…",
Eintragen des unbestimmten Artikels

► nach BB S. 56–57

①

▶ nach BB S. 56–57

Partner- oder Gruppenspiel „Bingo": ein
Spieler würfelt, die Spieler legen ein Plättchen
entsprechend der Aussage auf S.6 auf ihr
Spielfeld; Ziel ist es, dass vier Plättchen in
einer Reihe oder in einer Diagonalen liegen.

H h

H

---

②

ohne

hat

Hose   Sahne   **Hund**

gehen

halten

Hase

Hafen   holen   **Helm**

sehen

Heft   **helfen**

---

1. Anlaut abhören   2. Buchstaben H/h in Wörtern einkreisen

► **vor** BB S. 58–59
► Diff.-Block S. 67–71

H h

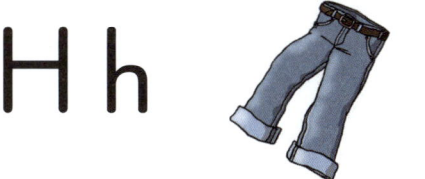

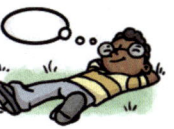

①

h h H h H

1. 2. 3. H 1. 2. h

②

H H

h h

H h H h

Hose Hose

Helm Helm

holen holen

► **vor** BB S. 58–59
► Diff.-Block S. 67–71

1. H/h nachspuren

2. H/h schreiben

H h

①

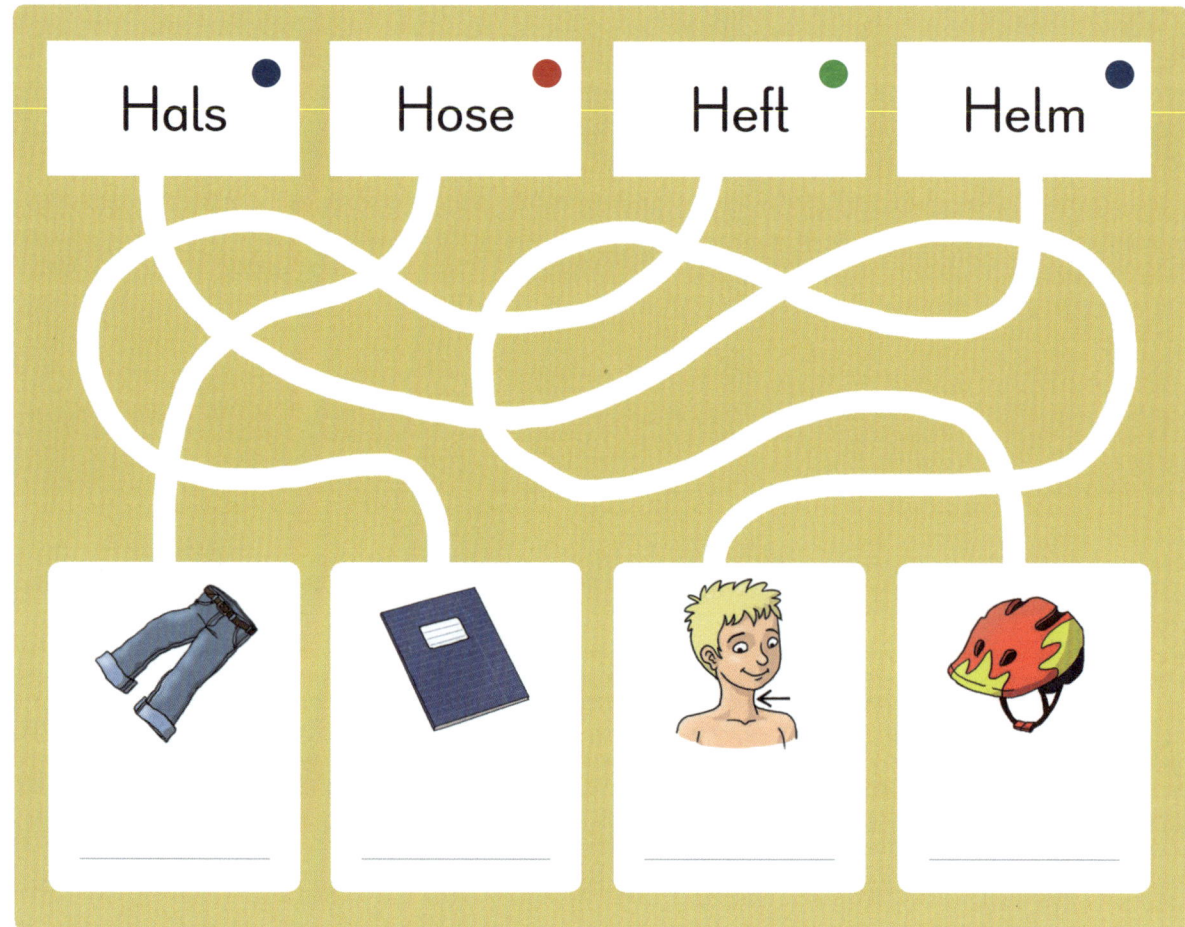

Hals ●   Hose ●   Heft ●   Helm ●

---

②

Helm	Hose	Hals	Hase	~~Hose~~
sehen	holen	halten	halten	helfen
Hase	Heft	Hilfe	Heft	Hut
heiraten	heilen	heiraten	holen	helfen

---

1. Verbinden der Wörter mit den entsprechenden Bildern

2. Durchstreichen des doppelt vorkommenden Wortes

► **vor** BB S. 58–59
► Diff.-Block S. 67–71

H h

1

Leo ist   ein Planet.
ein Pilot.

Lina hat   ein Seil.
ein Eis.

Leo hat   einen roten Hut.
einen roten Helm.

Lina holt   eine Leiter.
einen Reifen.

▶ **vor** BB S. 58–59
▶ Diff.-Block S. 67–71

1. Verbinden der Satzanfänge mit den
entsprechenden Satzenden
🄳 Schreiben der richtigen Sätze in das Heft

H h

①

⚀	Mia hat	⚀	einen Hasen.
⚁	Emira holt	⚁	eine Ameise.
⚂	Timo malt	⚂	einen Hut.
⚃	Momo nimmt	⚃	eine Hose.
⚄	Umut trifft	⚄	einen Helm.
⚅	Lisa heiratet	⚅	einen Esel.

②

_____

_____

_____

_____

_____

_____

_____

_____

1. Würfeln und Lesen des gewürfelten Satzes (Partnerarbeit)

2. Würfeln, Lesen und Schreiben des gewürfelten Satzes

► vor BB S. 58–59
► Diff.-Block S. 67–71

①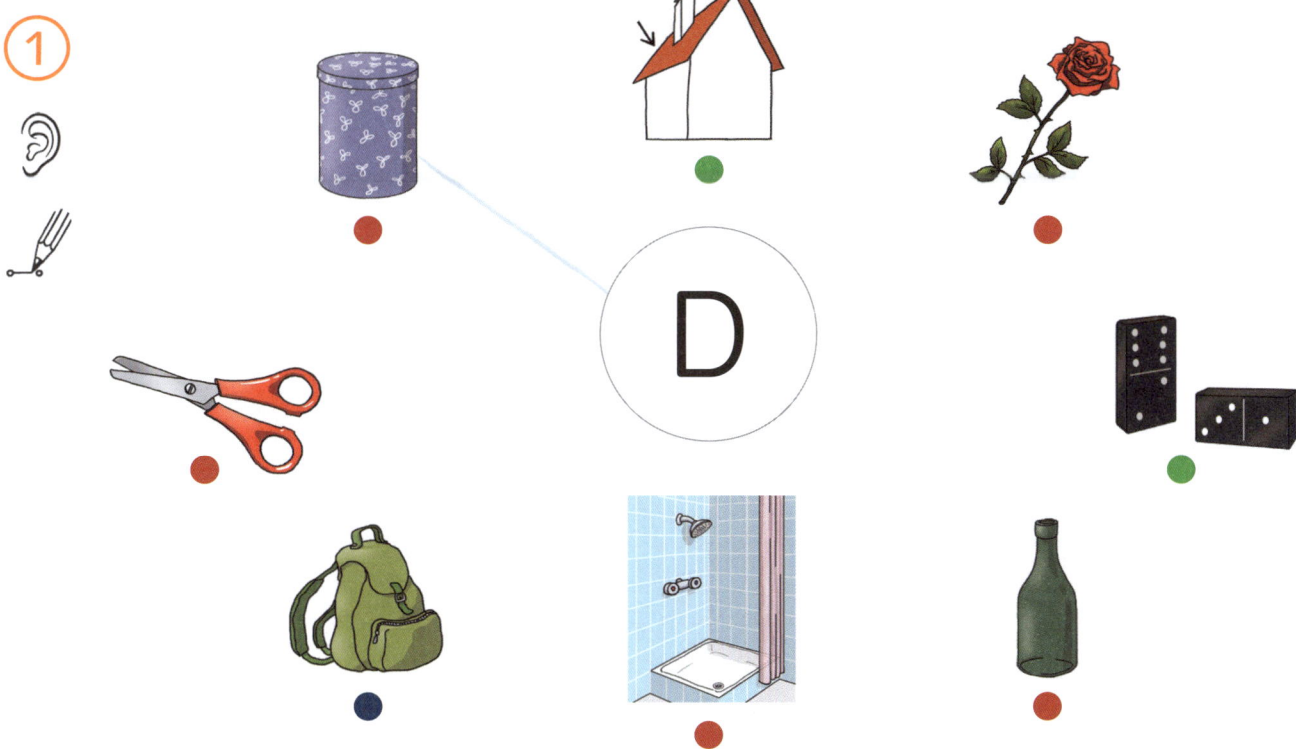

②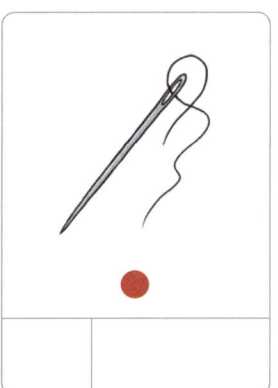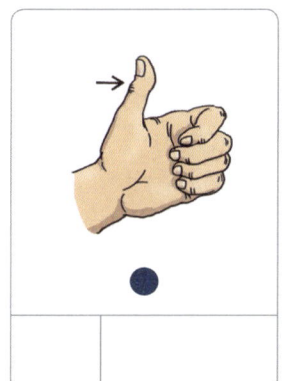

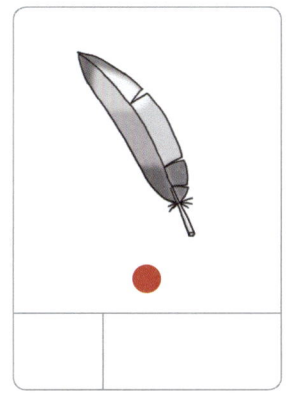 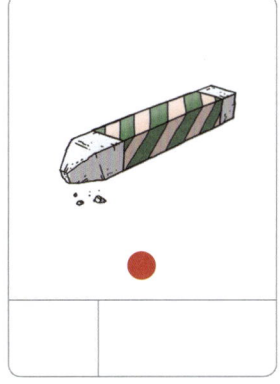  

► **vor** BB S. 62–63
► Diff.-Block S. 72–76

1. Anlaut abhören

2. Stellung des Lautes /d/ abhören
(Anlaut bzw. In- oder Auslaut)

13

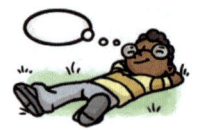

D d

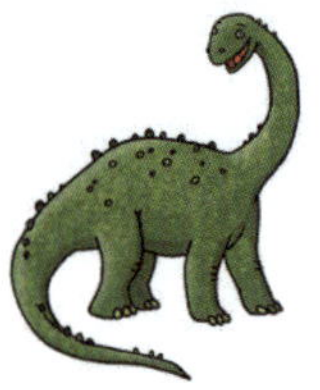

1

d

2.

1.

D d

2.

d

1.

D d D

2

D D

d d

der der

das das

Dino Dino

Dose Dose

1. D/d nachspuren

2. D/d schreiben

▸ vor BB S. 62–63
▸ Diff.-Block S. 72–76

D d

1

Dino

Dose

Delfin

Domino

Nudel

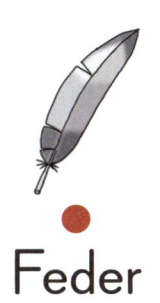

Feder

2

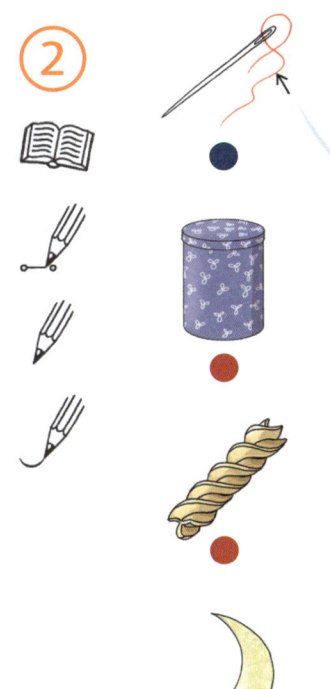
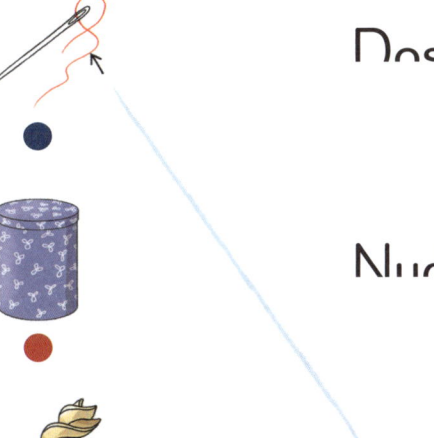
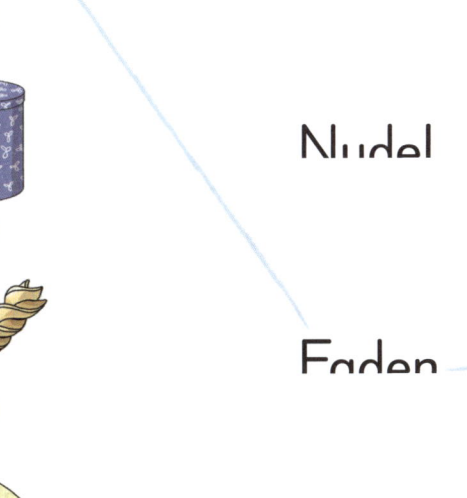

Dose

Nudel

Faden  Faden

Indianer

Mond

D d

1

Das ist ein _____ .

Das ist ein _____ .

Das ist eine _____ .

Das ist eine _____ .

2

Ist eine Feder in der Dose? ☐

Ist eine Feder im Salat? ☐

Ist eine Feder am Hut? ☐

Sind Mia und Timo im Ufo? ☐

Sind Mia und Timo am Tor? ☐

Sind Mia und Timo im See? ☐

Hat Umut eine Nudel im Mund? ☐

Hat Umut einen Dino in der Hand? ☐

Hat Umut einen Delfin im Arm? ☐

1. Ergänzen der Sätze

2. Fragen den Bildern entsprechend durch Ankreuzen beantworten

▸ **vor** BB S. 62–63
▸ Diff.-Block S. 72–76

D d

► vor BB S. 62–63
► Diff.-Block S. 72–76

1

Monster

Timo

2

1. Beschreiben des Bildes, Wörter zum Bild
in die Schreibblasen schreiben

2. Freies Schreiben oder Malen zur Frage:
Was sagt das Monster? Was sagt Timo?

Au au

1

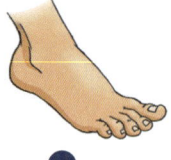

Au

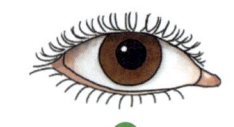

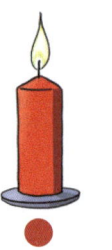

2

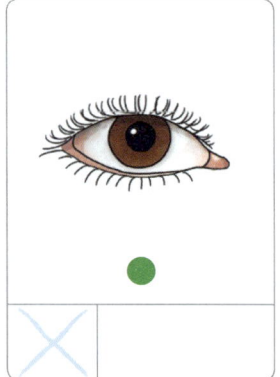

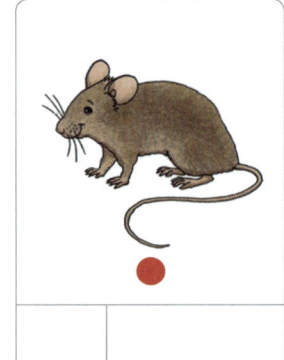

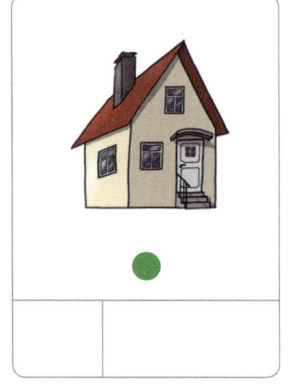
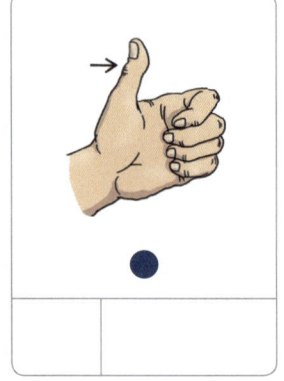

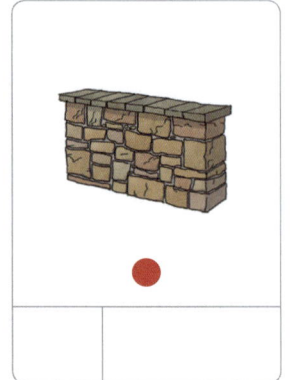

---

1. Anlaut abhören

2. Stellung des Lautes /au/ abhören
(Anlaut bzw. In- oder Auslaut)

▶ **vor** BB S. 62–63
▶ Diff.-Block S. 77–80

18

Au au

① **Auto** Mauer Haus

Schaukel **Traum**

Auge Daumen **zaubern**

Frau blau **Bauer** laufen

②

Au | | Au

au | | au

auf | | auf

Auto | | Auto

Haus | | Haus

laufen | | laufen

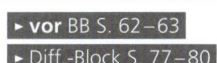
▶ **vor** BB S. 62–63
▶ Diff.-Block S. 77–80

1. Buchstabenverbindungen Au/au in Wörtern einkreisen

2. Au/au schreiben

19

Au au

①

Auto   Haus   Maus

Auto   Maus   Auto   Haus   Maus

Maus   Haus   Auto   Maus   Haus

Haus   Auto   Maus   Maus   Auto

Auto   Auto   Haus   Maus   Auto

---

②

Haus

Maus

Mauer

Daumen

Automat

Auto

1. Einkreisen der Wörter Auto (orange), Haus (lila), Maus (gelb)

2. Verbinden der Bilder mit den entsprechenden Wörtern (Haus, Daumen, Auto), Wörter schreiben, Silbenbögen einzeichnen

▶ **vor** BB S. 62–63
▶ Diff.-Block S. 77–80

Au au

in   auf   hinter

Lina ist _____ dem Auto.

_____ dem Auto.

Leo ist _____ dem Sofa.

_____ dem Sofa.

Leo ist _____ dem Haus.

_____ dem Haus.

Au au

1

✏️

Mia

Fee Aurelia

2

✏️

1. Beschreiben des Bildes, Wörter zum Bild in die Schreibblasen schreiben

2. Freies Schreiben oder Malen zur Frage: Was wünscht sich Mia von der Fee Aurelia?

▸ **vor** BB S. 62–63
▸ Diff.-Block S. 77–80

Mein Karton

Das möchte ich bauen:

Das möchte ich damit machen:

Das möchte ich mitnehmen:

morgens   vormittags

START

Umut

START

Mia

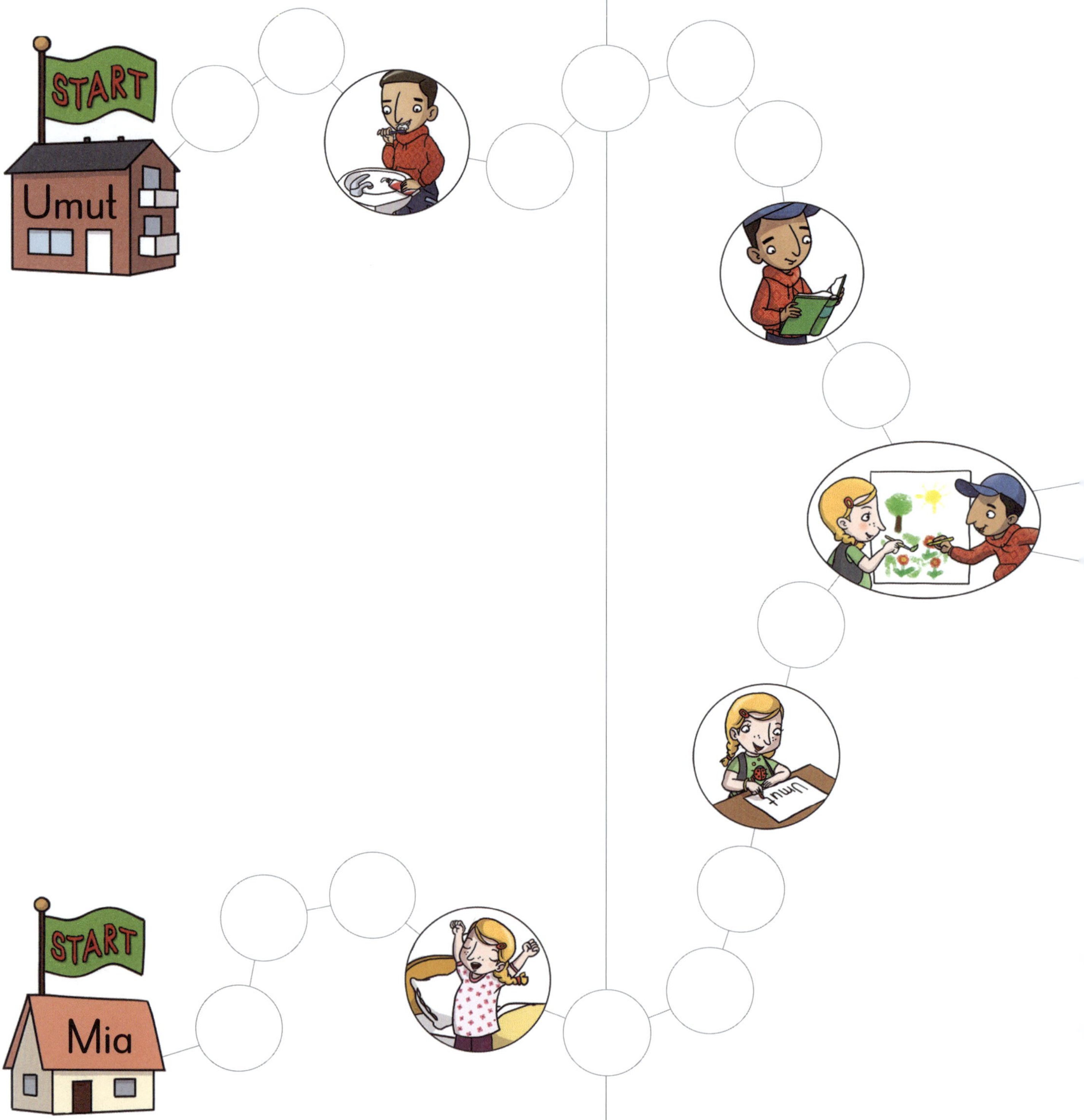

Was macht Umut/Mia?
Umut/Mia (putzt sich die Zähne).
🄳 *Was macht Umut morgens?*
(Er putzt die Zähne).

▶ **nach** BB S. 66–67, 68–69

nachmittags

abends

Umut

ZIEL

ZIEL

Mia

①

Riese   **niesen**   vier

Biene   Lieder   **nie**

sie   **niemals**

Tiere   sieben

Sieb   wieder   Papier

viel   **die**

Fieber   **Wiese**   hier

②

-ie

①

● der	● die	● das

der ✏   die ✏   das

②

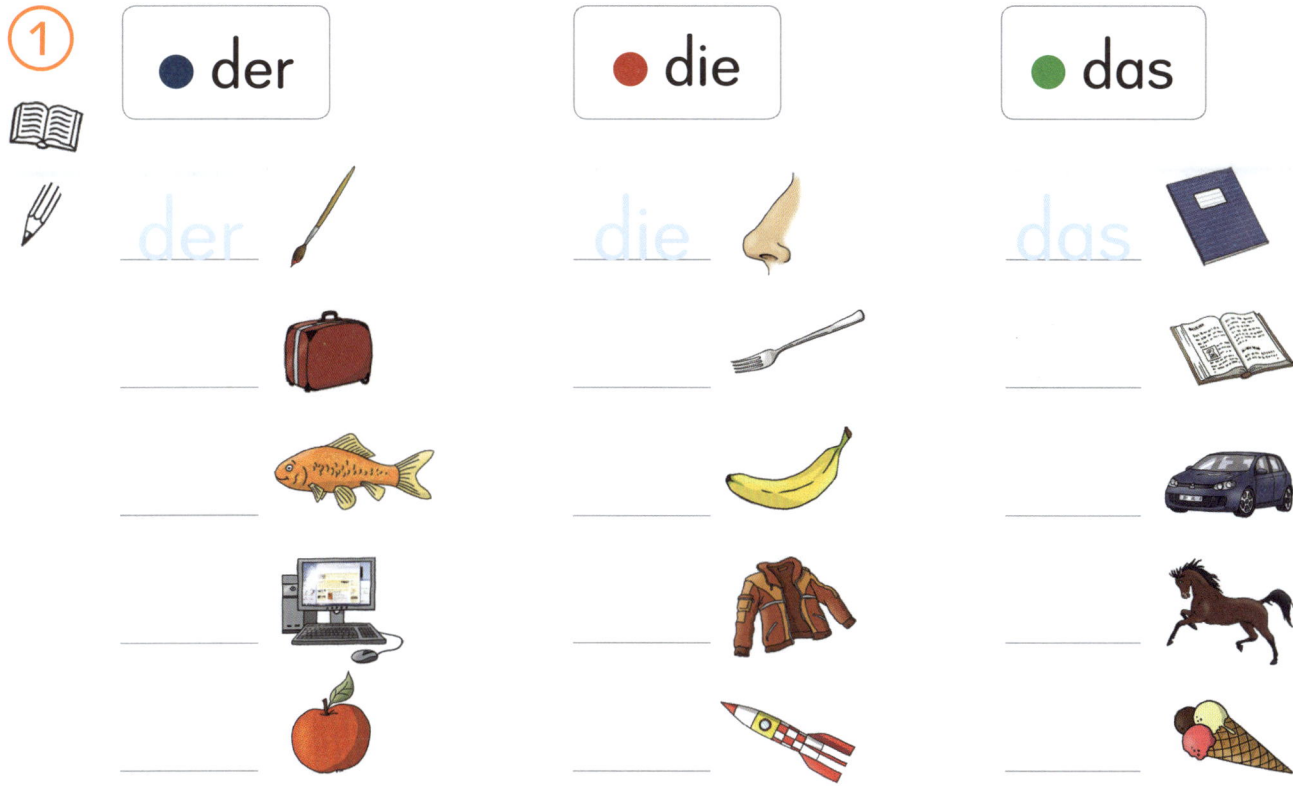

Das Riesenfest

Der Riese mit der lila Hose malt.

Der Riese mit der rosa Hose
hat rote Rosen in der Hand.

Der Riese mit dem lila Hut isst Torte.

Der Riese mit der roten Hose muss niesen.

► **vor** BB S. 70–71
► Diff.-Block S. 81–82

1. Ergänzen der bestimmten Artikel
entsprechend den Bildern

2. Vervollständigen der Illustration
entsprechend dem Text

27

Sch sch

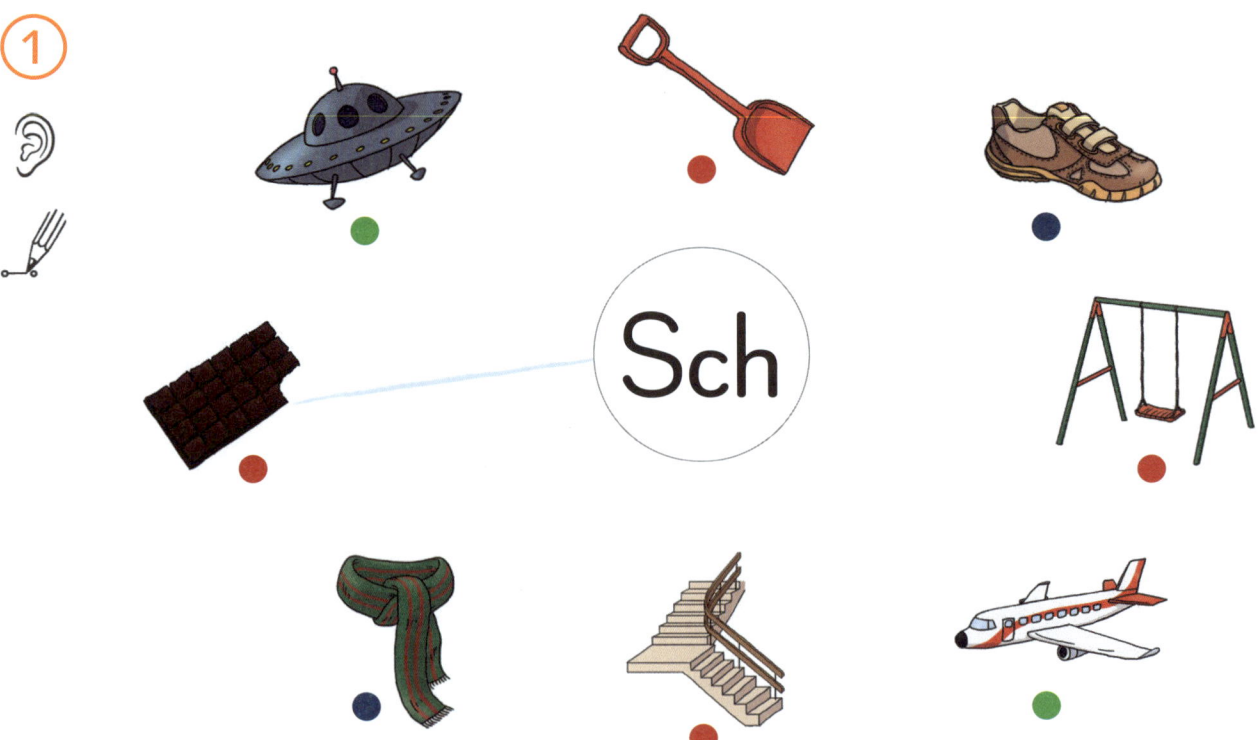

①

Sch

②

  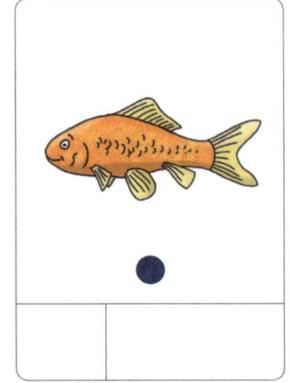 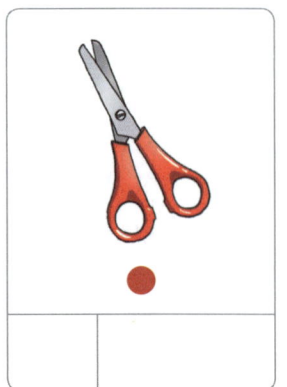

1. Anlaut abhören

2. Stellung des Lautes /sch/ abhören
(Anlaut bzw. In- oder Auslaut)

► **vor** BB S. 70–71
► Diff.-Block S. 83–87

Sch sch

①

Schal Tisch **Kirsche**

Tasche Schrank

schreien **Schule** schneiden

kuscheln Flasche

---

②

Sch .... Sch

sch .... sch

Schule .... Schule

Fisch .... Fisch

Sch sch

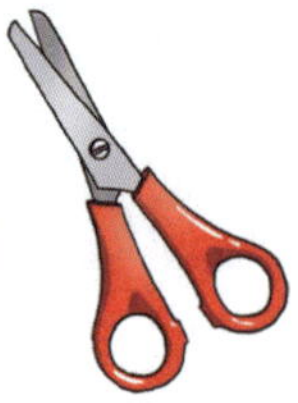

1

schla   schen

schnei   fen   *schlafen*

du   den

2

Fisch

Hund

Hase   *Hase*

Schaf

Frosch

Elefant

1. Verbinden der entsprechenden
Anfangs- und Endsilben, Wörter schreiben,
Silbenbögen einzeichnen

2. Bilder mit den entsprechenden
Wörtern verbinden, Wörter schreiben,
Silbenbögen einzeichnen

► vor BB S. 70–71
► Diff.-Block S. 83–87

Sch sch

①

(Schal)   (Schule)   (Schere)

(Schere) (Schal) (Schule) (Schal) (Schere)

Schule	Schule	Schere	Schere	Schal
Schal	Schere	Schule	Schal	Schule
Schule	Schal	Schere	Schule	Schal

---

②

~~Flasche~~	Tasche

Umut hat eine ___Tasche_____ .

Schiff	Schaf

Emira schneidet ein _____ aus.

duschen	schlafen

Lina und Leo _____ .

► **vor** BB S. 70–71
► Diff.-Block S. 83–87

1. Einkreisen der Wörter Schal (orange),
Schule (lila) und Schere (gelb)

2. Ergänzen der Sätze entsprechend
den Bildern

31

Sch sch

1

Die Schaufel ist rot.

Das Schaf hat rosa Schuhe.

Drei Fische sind im See.

Emira hat ein Seil.

Umut ist auf der Rutsche.

Umut hat einen roten Schal um.

Die Mutter hat eine Flasche in der Hand.

2

1. Ergänzen der Illustration entsprechend dem Text

2. Freies Schreiben mit Hilfe der Lauttabelle oder Malen zur Frage: Was machst du gerne auf dem Spielplatz?

▶ vor BB S. 70–71
▶ Diff.-Block S. 83–87

Mein Tag

Das mache ich morgens:

Das mache ich vormittags:

Das mache ich nachmittags:

Das mache ich abends:

Das kann ich schon

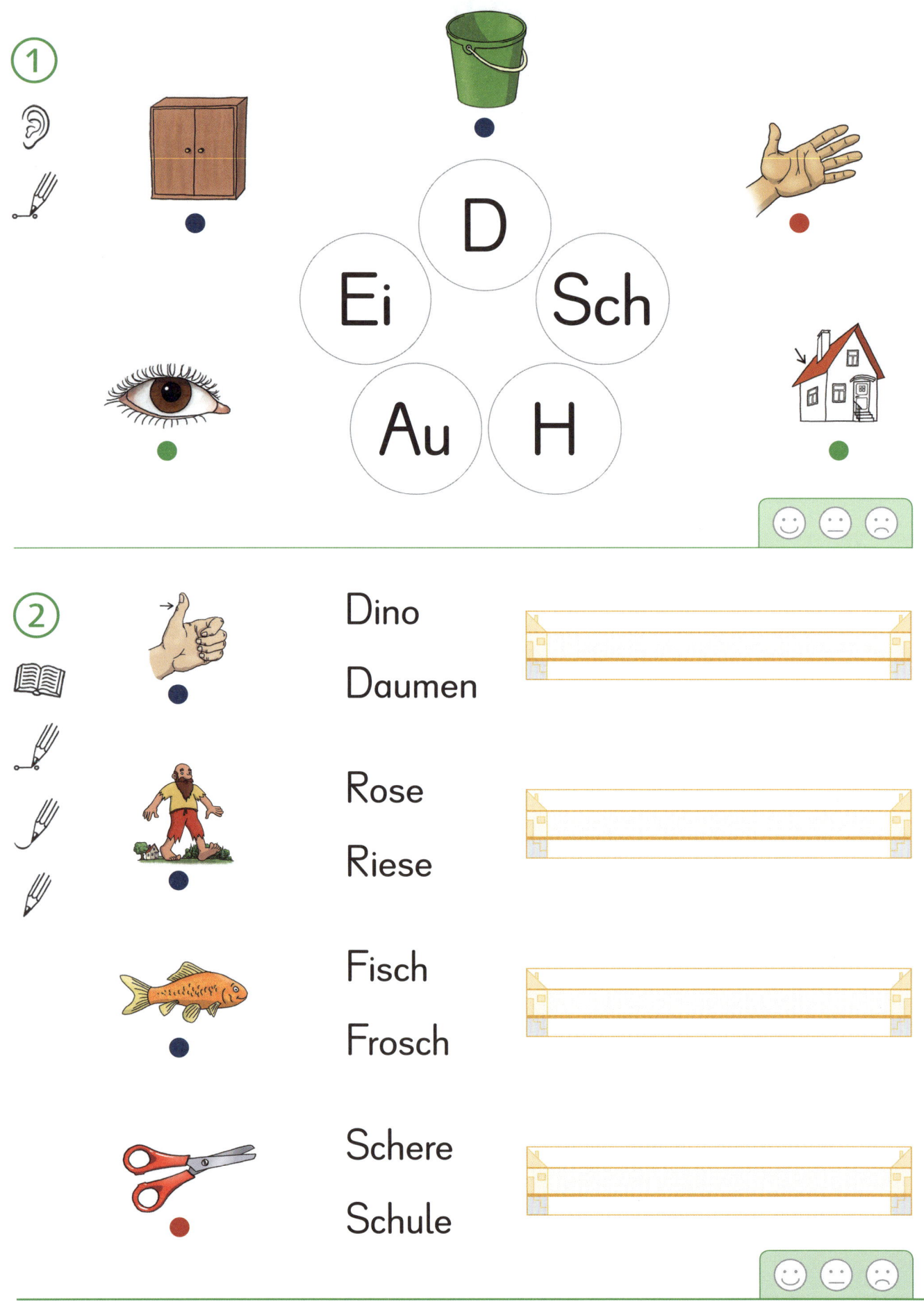

①

D

Ei   Sch

Au   H

②

Dino
Daumen

Rose
Riese

Fisch
Frosch

Schere
Schule

1. Anlaute abhören

2. Bilder mit den entsprechenden Wörtern verbinden (Daumen, Riese, Fisch, Schere), Silbenbögen einzeichnen, Wörter schreiben

☺ war leicht
😐 war mittelschwer
☹ war schwer

③

laufen

duschen

helfen

heiraten

😊 😐 ☹

④

die Tasche   die Schaufel

Milan hat _____ in der Hand.

Eis und Fisch   Nudeln und Reis

Leo und Lina essen _____ .

😊 😐 ☹

3. Verbinden der Bilder mit den entsprechenden Wörtern, Wörter schreiben, Silbenbögen einzeichnen

4. Sätze den Bildern entsprechend ergänzen

START

Partner- oder Gruppenarbeit; Würfelspiel
Redemuster auf Ereignisfeldern:
Kennst du (Pettersson und Findus)?
Ja, ich kenne (Pettersson und Findus).
Nein, ich kenne (Pettersson und Findus) nicht.

► nach BB S. 80–81, 82–83

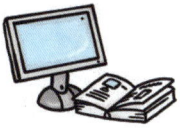

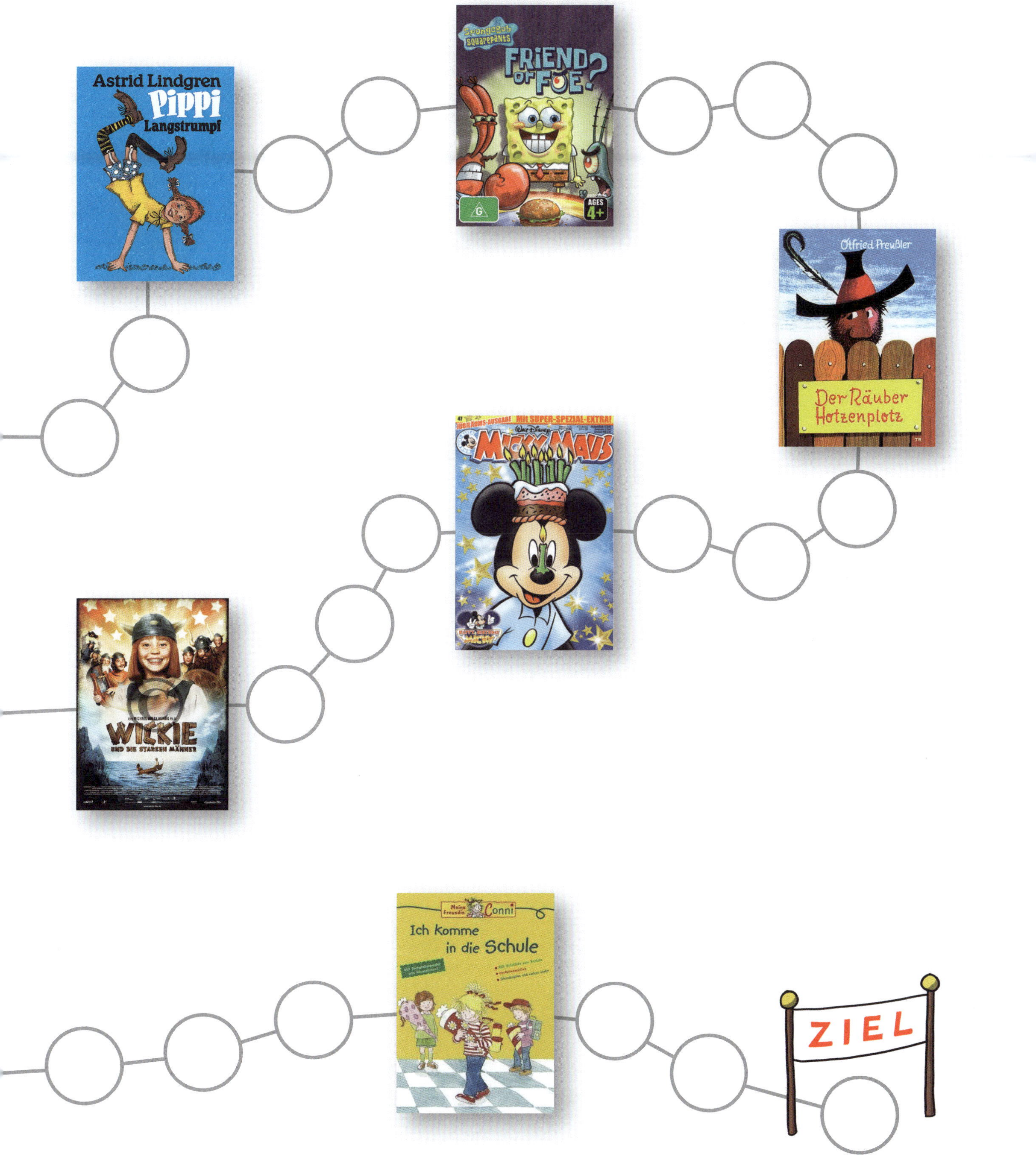
Astrid Lindgren
Pippi Langstrumpf
SpongeBob SquarePants
FRIEND or FOE?
AGES 4+
Otfried Preußler
Der Räuber Hotzenplotz
JUBILÄUMS-AUSGABE MIT SUPER-SPEZIAL-EXTRA!
MICKY MAUS
WICKIE UND DIE STARKEN MÄNNER
Meine Freundin Conni
Ich komme in die Schule
ZIEL

K k

1

2

 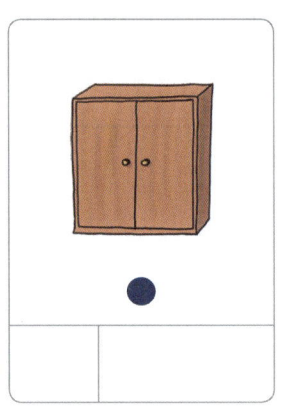  

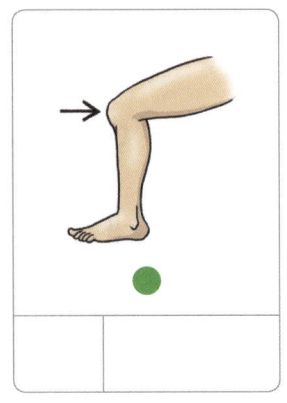 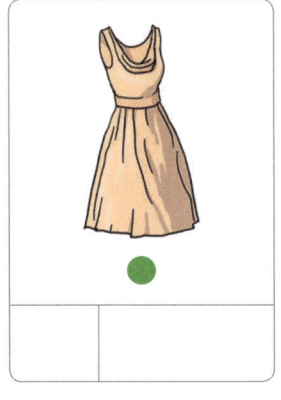 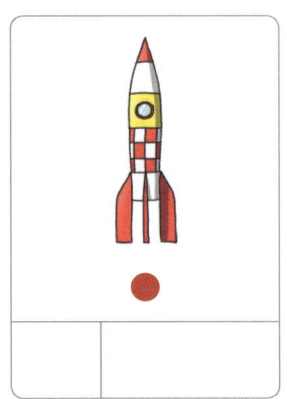 

---

1. Anlaut abhören

2. Stellung des Lautes /k/ abhören
(Anlaut bzw. In- oder Auslaut)

► **vor** BB S. 84–85
► Diff.-Block S. 88–92

1

k ... k

1. ↓ K 2. ↘ 3. ↘   1. ↓ k 2. ↘ 3. ↘

K ... k   k ... K

2

K   K

k   k

K k   K k

Koffer   Koffer

Paket   Paket

kaufen   kaufen

▸ **vor** BB S. 84–85

▸ Diff.-Block S. 88–92

1. K/k nachspuren   2. K/k schreiben

K k

Sofa	Tisch	~~Kette~~	Sessel
Kleid	Rakete	Unterhose	Pulli
Tomate	Gurke	Paprika	Kamel
Krokodil	Keks	Torte	Schokolade

②

Keks

Kleid

Rakete — *Rakete*

Krokodil

Schaukel

K k

 Kennen Umut und Mia Lillifee?

Umut und Mia kennen Lillifee.

Kennen Emira und Timo Lilli?

Kennt Lisa Pettersson und Findus?

Kennt Momo Nulli und Priesemut?

▶ **vor** BB S. 84–85
▶ Diff.-Block S. 88–92

1. Fragen den Bildern entsprechend
beantworten

K k

①

Er hat ein Kamel auf dem Pulli.

Er hat eine Flasche.

Male seine Hose rot an.

Sie ist alt.

Sie ist klein.

Male ihren Schirm lila an.

Er hat eine Kappe auf.

Er kennt Nulli und Priesemut.

Male seinen Pulli an.

②

1. Ergänzen der Illustration den Texten entsprechend

2. Schreiben eines eigenen Rätsels zu einer Person auf dem Bild oder aus der Klasse.

▶ **vor** BB S. 84–85
▶ Diff.-Block S. 88–92

B b

1

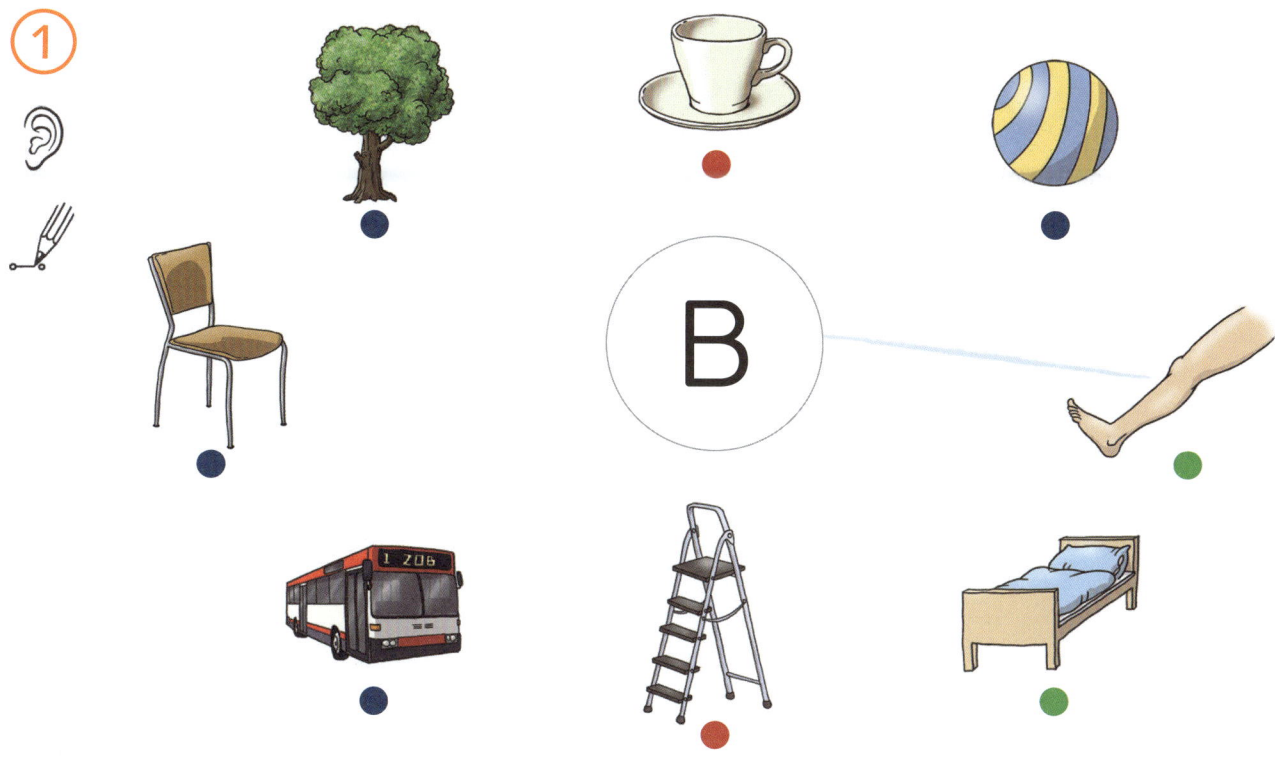

2

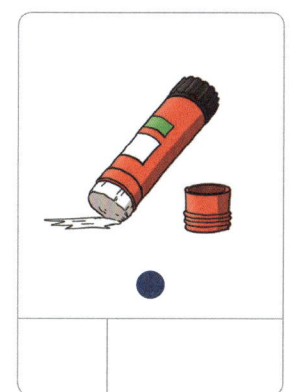

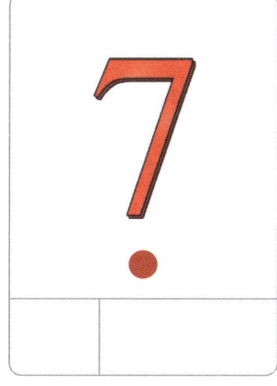

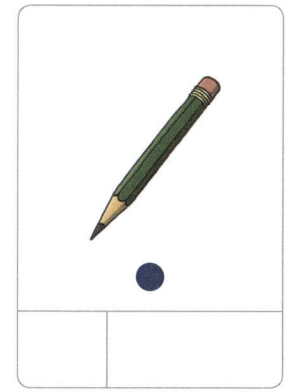

► **vor** BB S. 84–85
► Diff.-Block S. 93–96

1. Anlaut abhören

2. Stellung des Lautes /b/ abhören
(Anlaut bzw. In- oder Auslaut)

B b

1

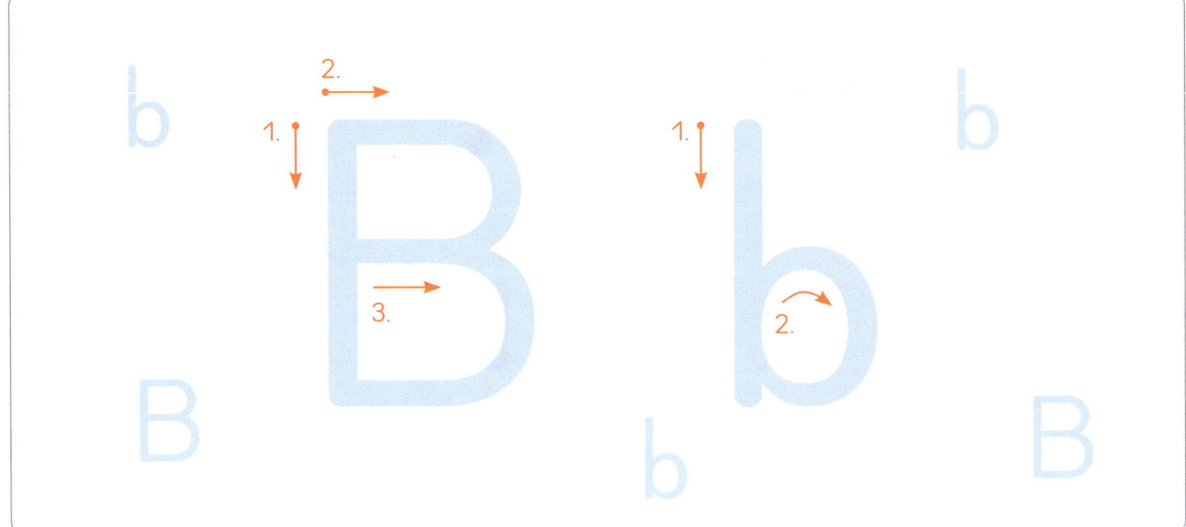

2

B b

①

Baum

Blume

Banane

Brot

Besen

Bett

②

Das ist eine Blume.

B b

auf   hinter   im

1

Ist Leo auf dem Bett?
Ist Leo hinter dem Bett?
Ist Leo in dem Bett?

 Leo ist

Ist Leo in dem Bett?
Ist Leo hinter dem Bett?
Ist Leo auf dem Bett?

Sind Leo und Lina hinter dem Bett?
Sind Leo und Lina auf dem Bett?
Sind Leo und Lina in dem Bett?

1. Fragen entsprechend den Bildern
beantworten

▶ **vor** BB S. 88–89
▶ Diff.-Block S. 93–96

B b

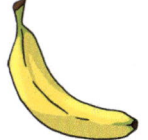

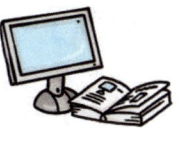

1

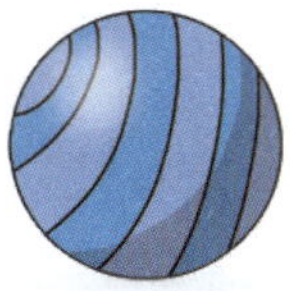

Das ist ein Ball.

Der Ball ist blau.

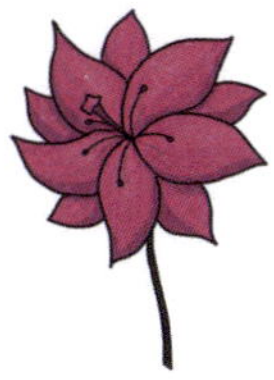

Das ist eine

Die

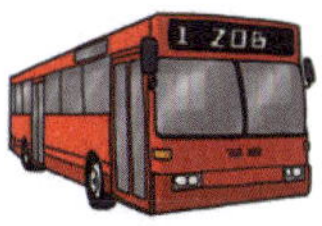

Das ist ein

Der

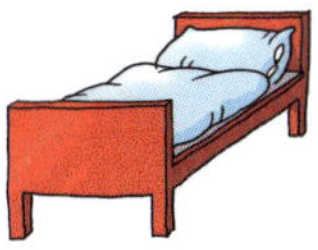

Das ist ein

Das

Das ist

▸ vor BB S. 88–89
▸ Diff.-Block S. 93–96

1. Sätze zu den Bildern ergänzen/schreiben; Malen eines eigenen Gegenstandes, Sätze nach dem vorgegebenen Muster schreiben

-ch

Milch **Bu**ch

①

 🔴	 🟢

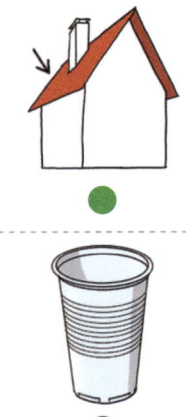 🟢	 🔵	 🔴	 🔴
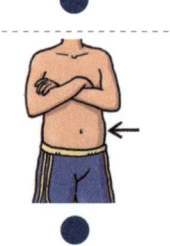 🔵	🔵	 🔵	 🟢

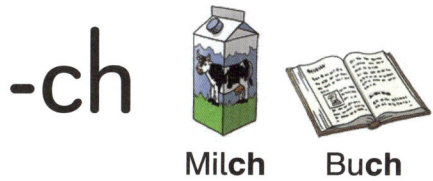

Mil**ch**   Bu**ch**

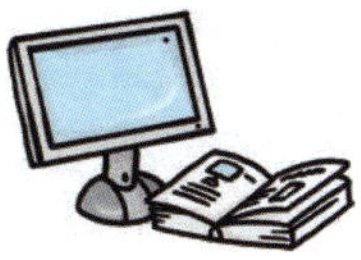

① **Milch**   suchen   **Dach**

Koch

Teppich   **Becher**   acht

Buch   **lachen**

frech   **machen**   Bauch

②

Ch .... Ch

ch .... ch

ich .... ich

Buch .... Buch

Milch .... Milch

lachen .... lachen

-ch

Mil**ch**   Bu**ch**

(1)

⚀ Mia und Lisa	⚀ kochen	⚀ ein Buch.
⚁ Emira und Umut	⚁ malen	⚁ einen Film.
⚂ Timo und Mia	⚂ suchen	⚂ eine Suppe.
⚃ Momo und Emira	⚃ lesen	⚃ einen Teppich.
⚄ Umut und Timo	⚄ kennen	⚄ einen Fernseher.
⚅ Lisa und Momo	⚅ finden	⚅ mich.

(2)

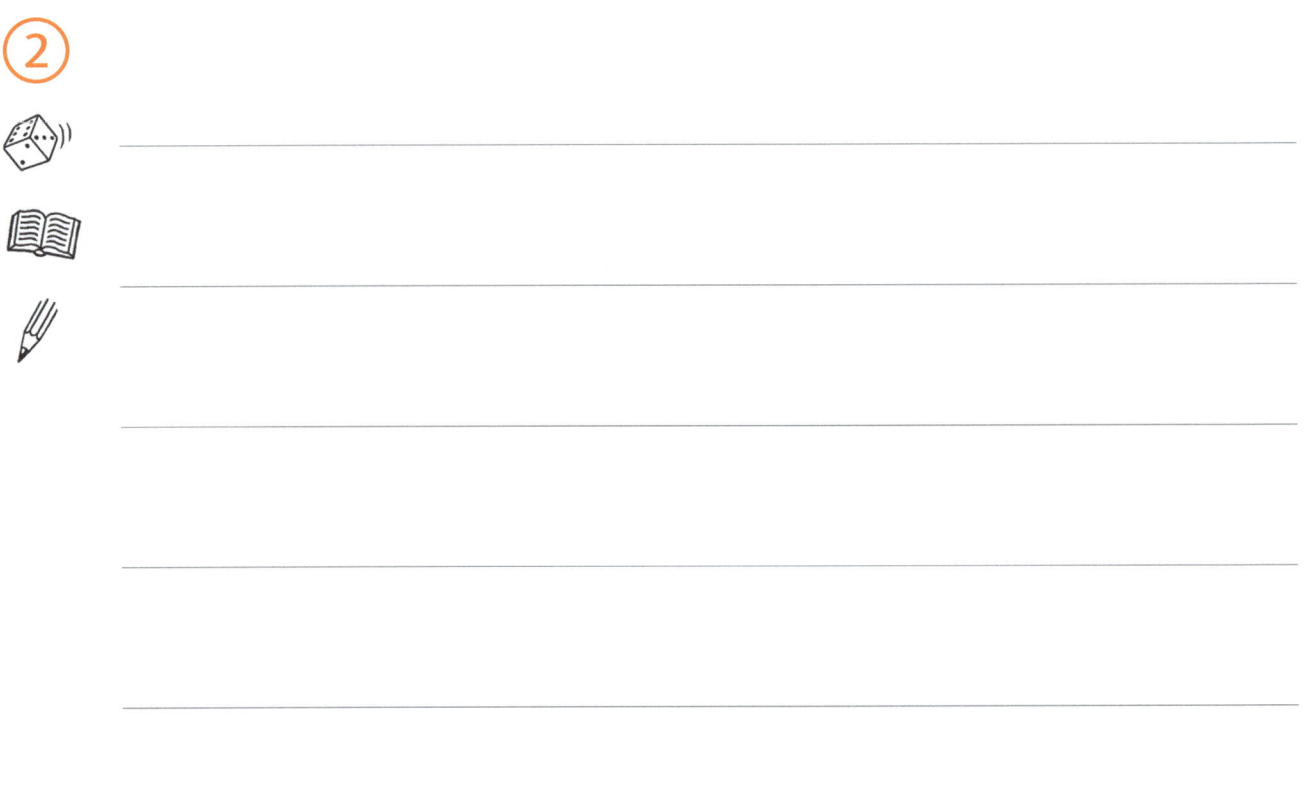

_____

_____

_____

_____

_____

_____

1. Würfeln und Lesen des gewürfelten Satzes   2. Würfeln, Lesen und Schreiben des   ► **vor** BB S. 88–89
(Partnerarbeit)   gewürfelten Satzes   ► Diff.-Block S. 97–101

50

① 1 Timo und Mia lachen oft.

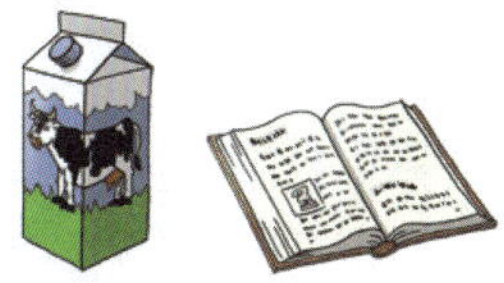

 2 Leo und Lina schnarchen.

3 Momo rechnet schnell.

4 Umut und Emira machen freche Sachen.

5 Mia und Momo machen manchmal Krach.

3 + 6 = 9

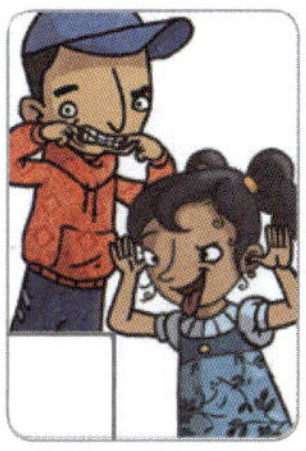

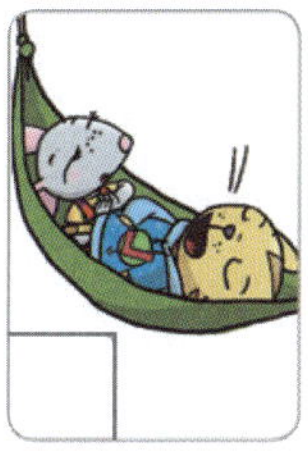

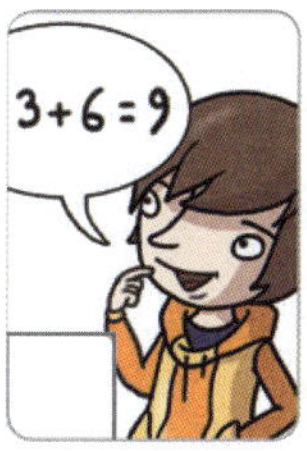

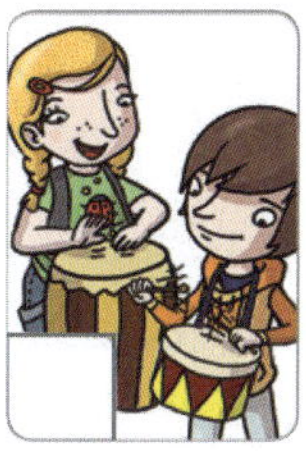

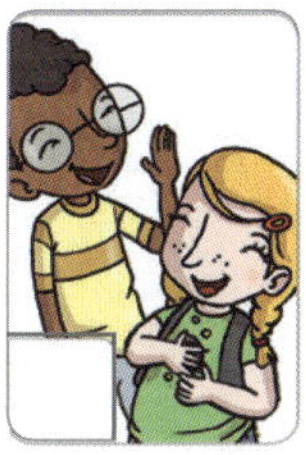

▶ **vor** BB S. 88–89
▶ Diff.-Block S. 97–101

1. Nummerieren der Bilder den Sätzen
entsprechend, Sätze zu den passenden
Bildern schreiben

51

-ch

Mil**ch**   Bu**ch**

①

| ein Buch | einen Film |

Natalia kauft mit Oma _____.

| im Park | im Bett |

Momo liest am liebsten _____.

| mit ihren Eltern | mit Leo und Lina |

Emira sieht _____ einen Film.

| das Radio | den Fernseher |

Mama macht _____ aus.

1. Ergänzen der Sätze entsprechend
den Bildern

▶ **vor** BB S. 88–89
▶ Diff.-Block S. 97–101

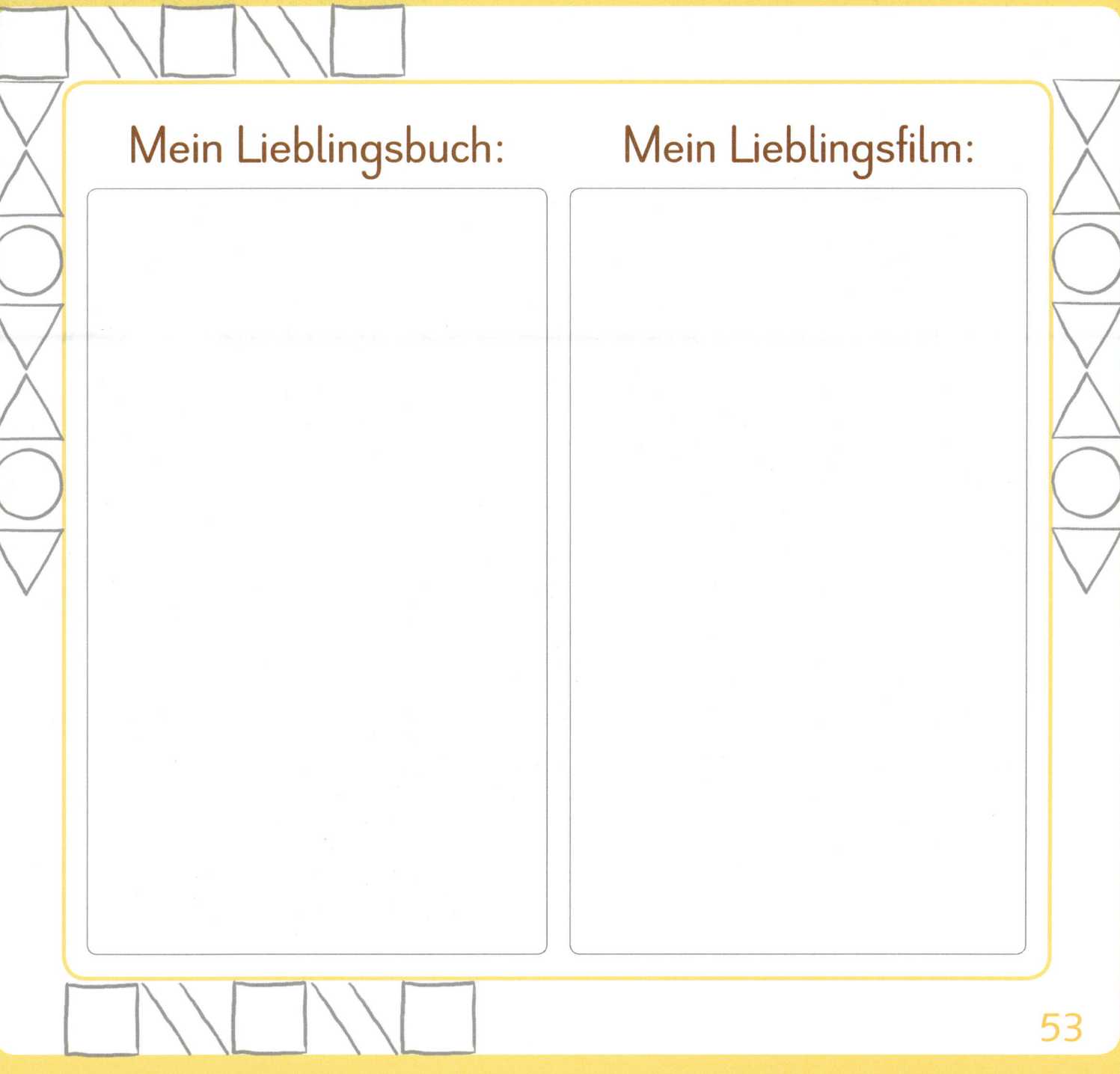

Mein Lieblingsbuch:

Mein Lieblingsfilm:

Die Welt um mich herum

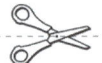

Ausschneiden der Bilder; Zuordnen der Bilder zu den Kindern

▶ nach BB S. 92–93, 94–95

Wer spielt mit (Mia)? (Umut) spielt mit (Mia).
Wer spielt mit (dem Krokodil)?
(Mia) spielt mit dem (Krokodil).
D *(Mia) spielt mit dem (roten Bagger).*

G g

②

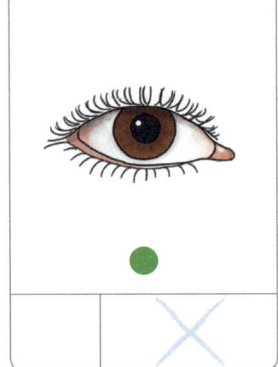

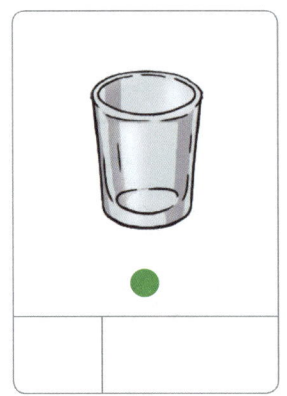

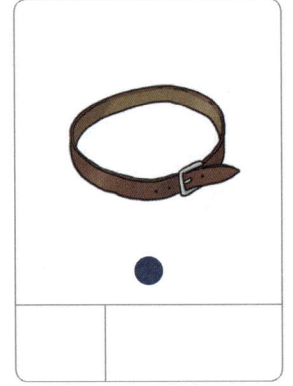

1. Anlaut abhören

2. Stellung des Lautes /g/ abhören
(Anlaut bzw. In- oder Auslaut)

► **vor** BB S. 96–97
► Diff.-Block S. 102–106

56

G g

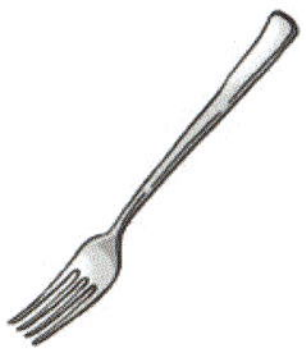

1

G g

1.

1.

2.

g   g

G   g   G

2

G   G

g   g

G g   G g

Geld   Geld

Gabel   Gabel

gelb   gelb

► **vor** BB S. 96–97
► Diff.-Block S. 102–106

1. G/g nachspuren   2. G/g schreiben

57

G g

1

Gras	Baum	Gabel	Blume
Bagger	Kran	Laster	Geld
Giraffe	Gitarre	Tiger	Kamel
grau	gut	gelb	blau

ein

2

Die Kugel		
Der Elefant	ist	grau.
Die Banane		rund.
		gelb.

Die Kugel ist rund.

1. Durchstreichen des nicht passenden Wortes

2. Verbinden der Satzteile, Satz schreiben

▸ **vor** BB S. 96–97
▸ Diff.-Block S. 102–106

G g

1

1	🐅	2	🦔	3	🐘	4	🚜

1 Er ist klein.
Er lebt auch im Garten.
Bei Gefahr rollt er sich ein.

Es ist der Igel.

Er ist grau.
Er ist nicht klein.
Er frisst gerne Gras.

Er rennt sehr schnell.
Er lebt in Asien.
Er frisst gerne Fleisch.

Er ist gelb.
Er hat eine Schaufel.
Er schaufelt ein Loch.

▸ **vor** BB S. 96–97
▸ Diff.-Block S. 102–106

1. Nummerieren der Rätsel entsprechend
den Bildern; Lösungssatz schreiben

G g

1

Timo geht in die Schule.
Er sieht den Bagger
an der Grube.
In der Grube sind Bauarbeiter.
Die Bauarbeiter finden eine Kiste.
Die Kiste ist alt und grau.
Timo ist sehr aufgeregt.
Die Bauarbeiter machen die Kiste auf.
In der Kiste …

2

1. Lesen des Textes; den Fortgang
der Geschichte mündlich formulieren

2. Freies Schreiben oder Malen zur Frage:
Was ist in der Kiste?

► **vor** BB S. 96 – 97
► Diff.-Block S. 102 – 106

W w

①

W

②

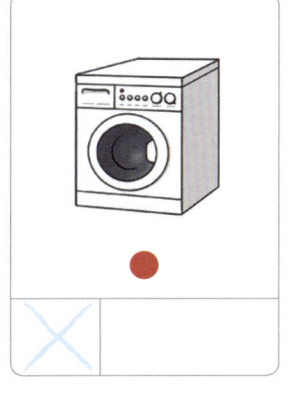

► **vor** BB S. 100–101
► Diff.-Block S. 107–111

1. Anlaut abhören

2. Stellung des Lautes /w/ abhören
(Anlaut bzw. In- oder Auslaut)

W w

1

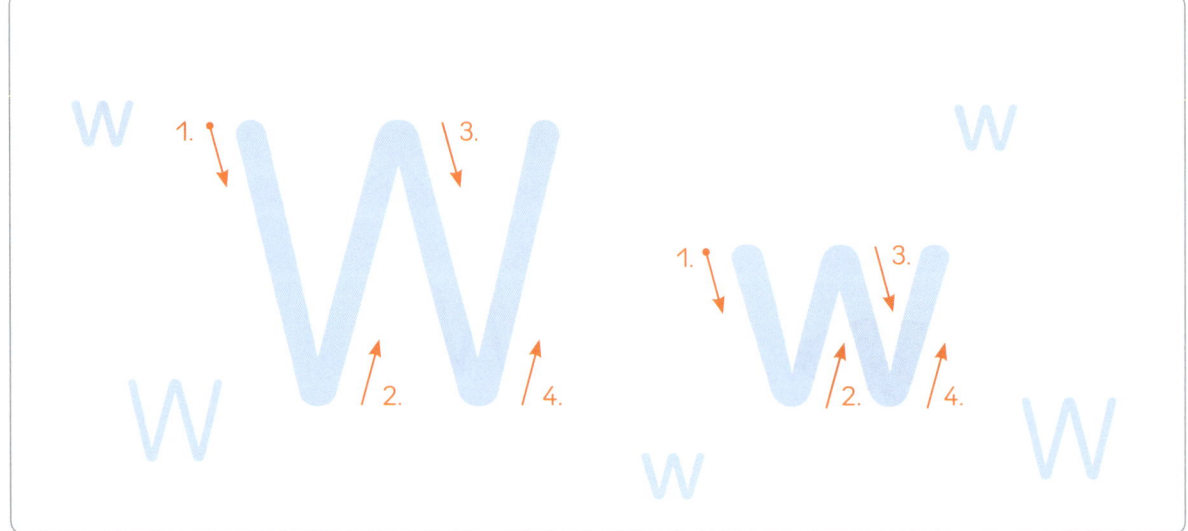

2

W

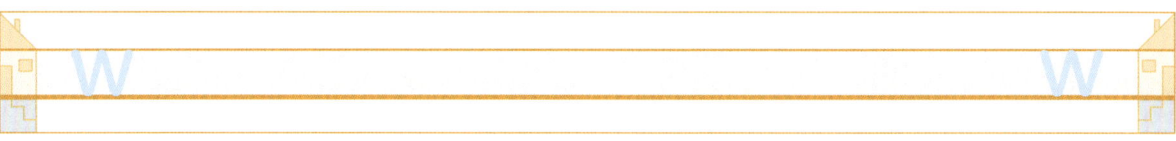

w

wir

wo

was

Wal

W w

hinter

neben

auf

① Wo ist Lina?

Papa
Mia
Timo

Ist Lina auf der Tafel?
Ist Lina neben der Tafel?
Ist Lina hinter der Tafel?

Wo ist Leo?

Ist Leo neben dem Tisch?
Ist Leo auf dem Tisch?
Ist Leo hinter dem Tisch?

Wo ist Leo?

Ist Leo hinter dem Baum?
Ist Leo auf dem Baum?
Ist Leo neben dem Baum?

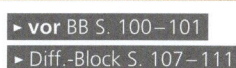

W w

① Wer bin ich?

1 	2 	3 	4 

☐ Ich lebe im Wasser.
Ich kann tief tauchen.
Ich bin ein _____.

☐ **Ich bin sehr schwer.**

Ich kann trompeten.

Ich bade oft im Wasser.

Ich bin ein _____.

☐ *Ich bin mal im Wasser und mal an Land.*

Ich fresse Fleisch.

Ich bin ein _____.

☐ Ich habe ein helles Fell.

Ich kann weit und schnell laufen.

Ich lebe in einem warmen Land.

Ich bin ein _____.

---

1. Nummerieren der Texte entsprechend
den Bildern; Sätze ergänzen

► **vor** BB S. 100–101
► Diff.-Block S. 107–111

W w

(1) Wo lebt der Wal?

Der Wal lebt im Wald. ☐

Der Wal lebt auf dem Land. ☐

Der Wal lebt im Wasser. ☐

Was frisst das Krokodil?

Das Krokodil frisst Blumen. ☐

Das Krokodil frisst Fleisch. ☐

Das Krokodil frisst Brot. ☐

Wie ist der Elefant?

Der Elefant ist schnell. ☐

Der Elefant ist klein. ☐

Der Elefant ist schwer. ☐

Was kann das Kamel?

Das Kamel kann schwimmen. ☐

Das Kamel kann sehr weit laufen. ☐

Das Kamel kann tief tauchen. ☐

► **nach** BB S. 100–101
► Diff.-Block S. 107–111

1. Beantworten der Fragen entsprechend
den Texten auf S. 58

Mein Lieblingstier

Mein Lieblingstier:

So sieht es aus:

Hier lebt mein Lieblingstier:

Das frisst es:

Das weiß ich noch über mein Lieblingstier:

Wo sind Umut und Natalia?

Sind Umut und Natalia auf dem Kasten?

Sind Umut und Natalia unter dem Kasten?

Wo sind Lina und Leo?

Sind Leo und Lina neben dem Tisch?

Sind Leo und Lina auf dem Tisch?

Wo sind Dilara, Lisa und Timo?

Sind Dilara, Lisa und Timo unter dem Boot?

Sind Dilara, Lisa und Timo in dem Boot?

Z z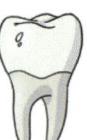

①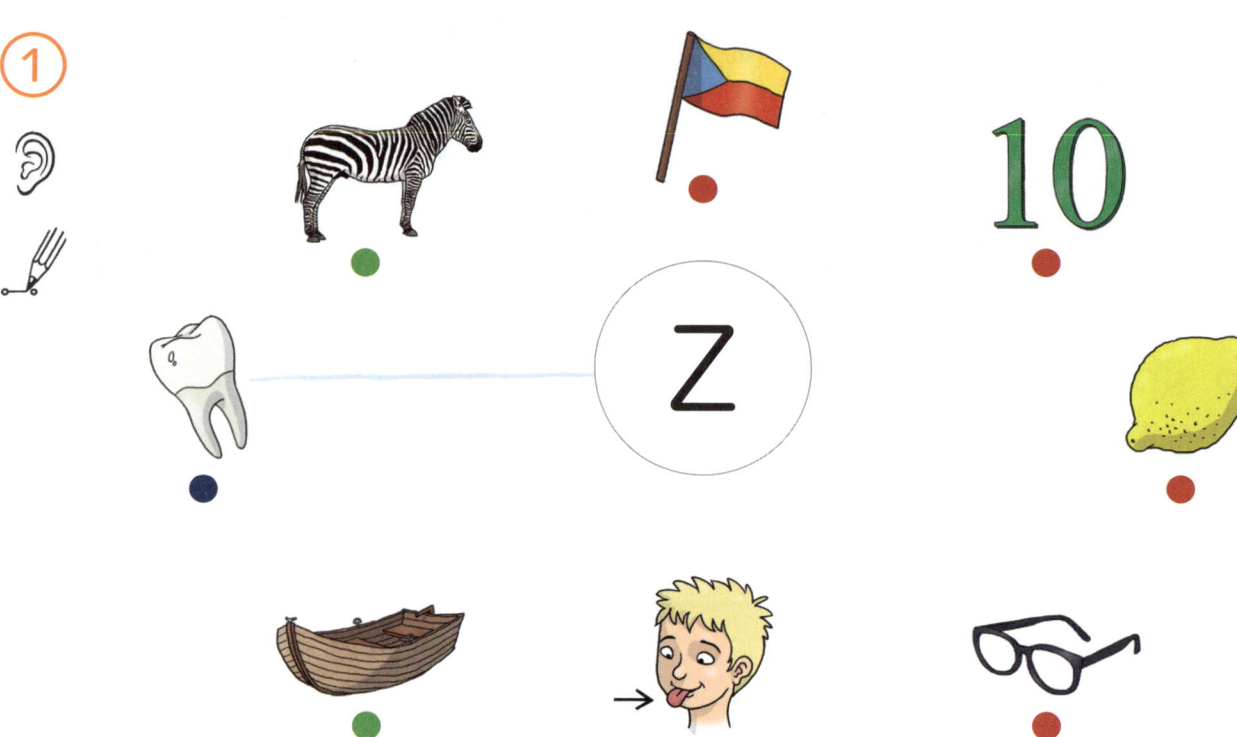

②

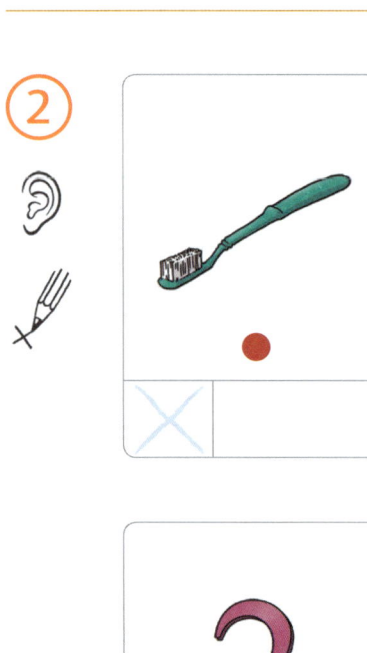   

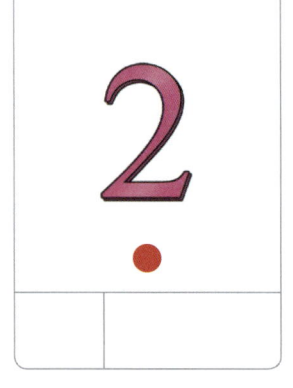   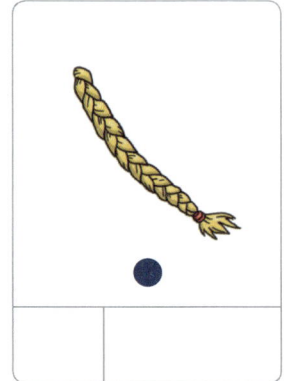

1. Anlaut abhören

2. Stellung des Lautes /z/ abhören
(Anlaut bzw. In- oder Auslaut)

► **vor** BB S. 108–109
► Diff.-Block S. 112–116

Z z

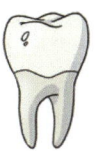

1

1. → 2. ↘ 3. →

z Z z z Z

2

Z

z

Zebra

zwei

Herz

tanzen

Z z
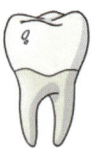

1

2 ● ——

🧅 ●

🍋 ●

10 ●

🍄 ●

Pilz

zehn

zwei ——— zwei

Zitrone

Zwiebel

2

| zaubern | tanzen |

Emira und Timo _____ auf dem Schulhof.

| zeigen | ziehen |

Mia und Umut _____ an einem Seil.

1. Verbinden der Bilder mit den entsprechenden Wörtern, Wörter schreiben, Silbenbögen einzeichnen

2. Sätze passend ergänzen

► vor BB S. 108–109
► Diff.-Block S. 112–116

Z z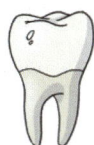

① Timo und Mia machen zusammen einen Obstsalat

- [ ] Timo gibt Honig und Zitrone hinzu.
- [ ] Mia und Timo schneiden das Obst.
- [ ] Timo und Mia waschen das Obst.
- [ ] Mia mischt den Obstsalat.

1

2

3

4

► vor BB S. 108–109
► Diff.-Block S. 112–116

1. Nummerieren der Sätze den Bildern entsprechend, passende Sätze zu den Bildern schreiben

Z z

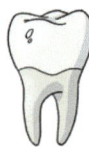

1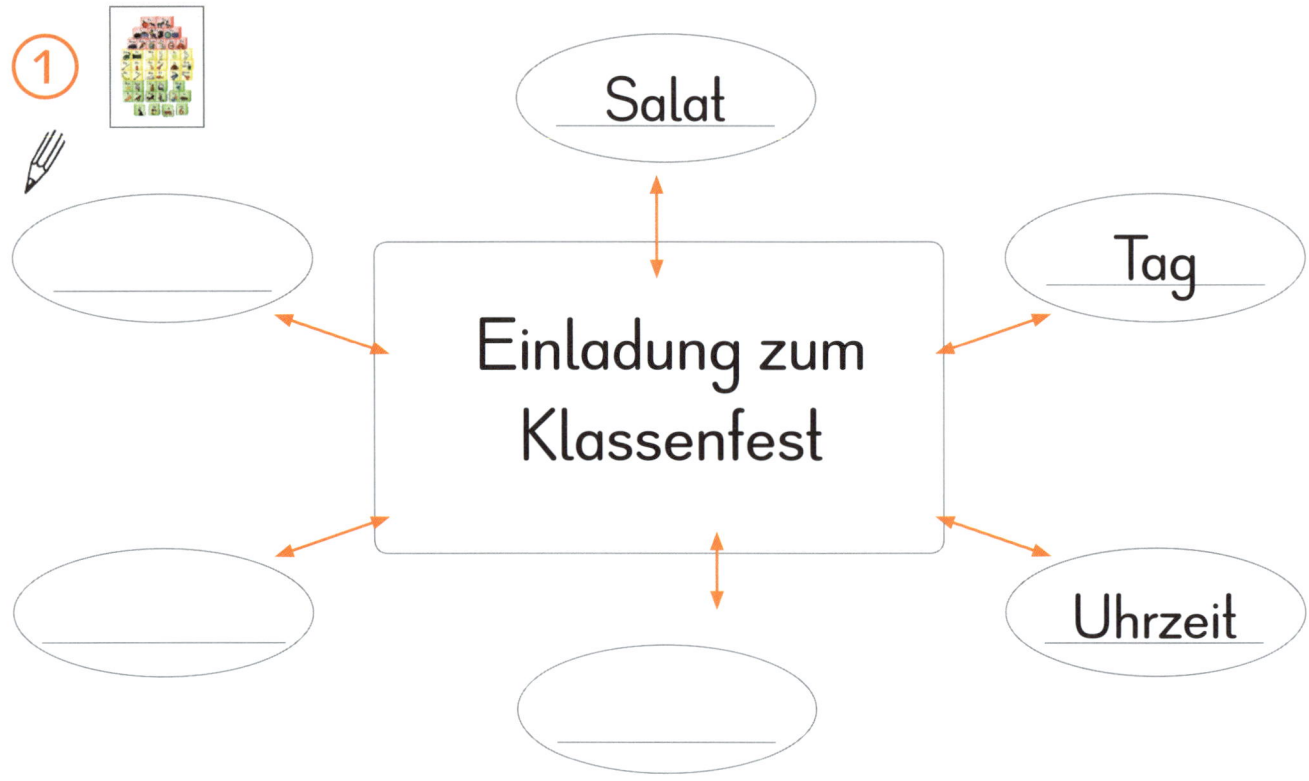

Salat

Einladung zum Klassenfest

Tag

Uhrzeit

2

Einladung

Liebe Eltern,

1. Mindmap: Begriffe zum Thema
„Wir planen ein Klassenfest" in die
Schreibblasen schreiben

2. Freies Schreiben einer Einladung

▸ **vor** BB S. 108–109
▸ Diff.-Block S. 112–116

Z z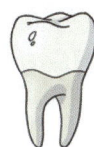

Auch das noch!

Umut, _____ und Mia
sind sehr aufgeregt.
Zuerst wollen sie den
Besuchern einen _____
aus Griechenland zeigen.
Sie warten auf die Musik.
Dann beginnt der Tanz.

Emira
Lisa
Film
Tanz

Auf dem _____
liegt eine Zitronenschale. Emira
rutscht aus.
Sie will sich festhalten
und zieht an dem _____ .

Korb
Boden
Tischtuch
Zebra

Schon liegen _____
und Zaziki auf dem Boden.
Emira _____ .
Frau Koch und die Kinder
helfen Emira.

Pizza
lacht
Zitronen
weint

Danach tanzen die _____
weiter.
Die Besucher sind begeistert
und _____ .

Teller
klatschen
Kinder
kaufen

► **vor** BB S. 108–109
► Diff.-Block S. 112–116

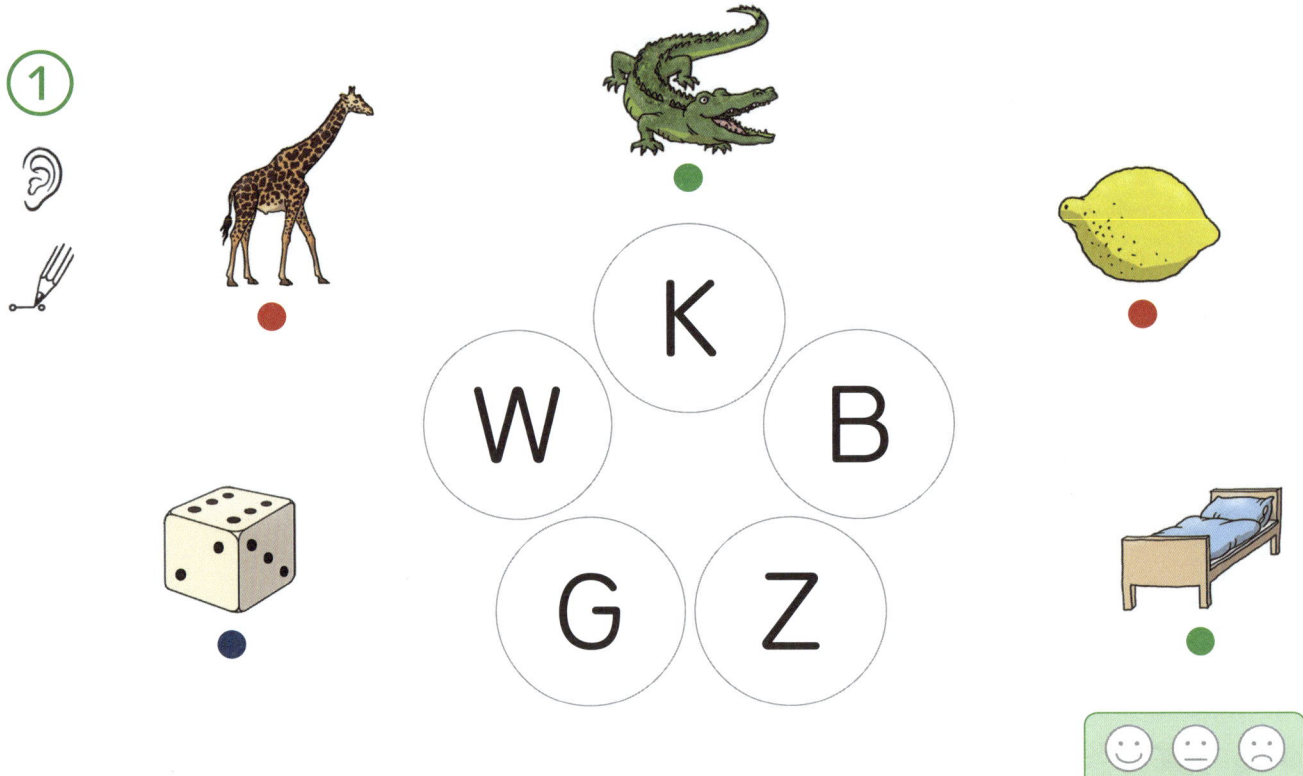

①

②

1. Anlaute abhören

2. Stellungen der Laute /g/ und /w/ abhören (An-, In- und Auslaut)

☺ hat mir Spaß gemacht

☺ hat mir etwas Spaß gemacht

☹ hat mir keinen Spaß gemacht

③

Gabel

Paket

Brille

Wolle

Herz

Zebra   Krokodil   Zelt   Giraffe

④

Schaukel   Gabel   Wippe   Rutsche

ein

sieben   acht   zwei   gelb

Rakete   Zahn   Auge   Bauch

3. Verbinden der Bilder mit den entsprechenden Wörtern, Wörter schreiben, Silbenbögen einzeichnen

4. Durchstreichen des nicht passenden Wortes

75

Das kann ich schon

5

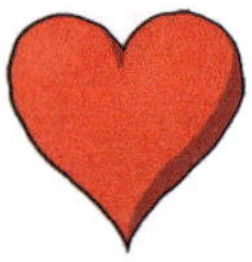
Herz

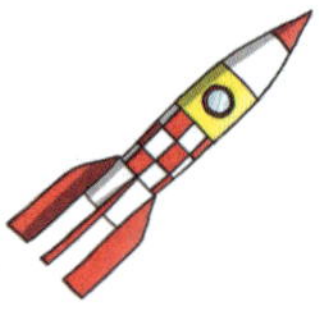
Rakete

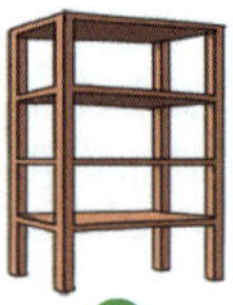
Regal

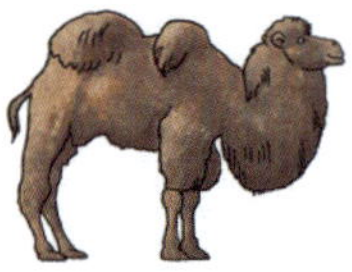
Kamel

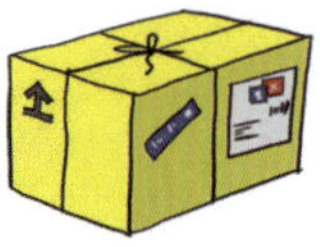
Paket

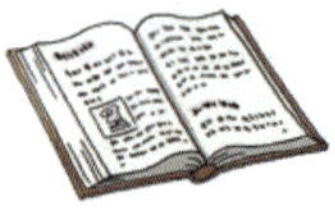
Buch

☺ 😐 ☹

6

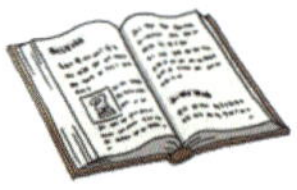
Das ist ________________ .

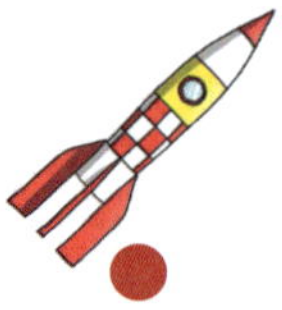
________________ .

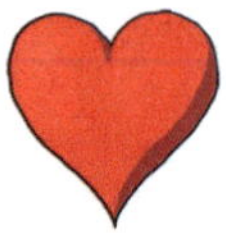
________________ .

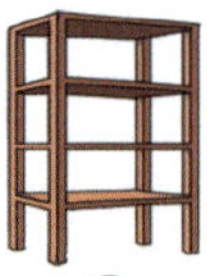
________________ .

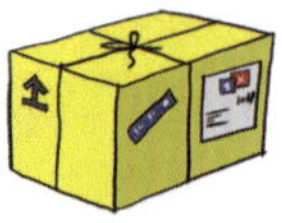
________________ .

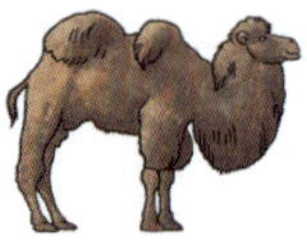
________________ .

☺ 😐 ☹

5. Silbenbögen einzeichnen

6. Sätze zu den Bildern schreiben

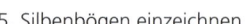

☺ hat mir Spaß gemacht
😐 hat mir etwas Spaß gemacht
☹ hat mir keinen Spaß gemacht

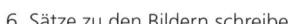

7

Ist Leo auf dem Baum?
Ist Leo hinter dem Baum?
Ist Leo neben dem Baum?

Sind Leo und Lina hinter dem Bus?
Sind Leo und Lina neben dem Bus?
Sind Leo und Lina in dem Bus?

8

| frisst | kocht |

Der Elefant _____ gerne Gras.

| Wald | Wasser |

Der Wal lebt im _____ .

7. Fragen den Bildern entsprechend
beantworten   8. Sätze passend ergänzen

77

Mein Name: _____

Das bedeutet mein Name: _____

_____

In diesem Land bin ich geboren: _____

_____

So sieht die Flagge aus:

Das weiß ich noch über mein Land: _____

_____

_____

_____

_____

_____

_____

Mein Lieblingsessen: _____

_____

Das brauche ich dazu: _____

_____

_____

So bereite ich es zu: _____

_____

_____

_____

_____

So sieht es aus:

Finden und Anmalen der versteckten
Buchstaben in der Illustration